사계절을
담은
이케바나

사계절을 담은 이케바나
ⓒ 2024. 홍세희 All rights reserved.

1판 1쇄 발행 2024년 11월 5일

지은이 홍세희
사진 이혜지
펴낸이 장성두
펴낸곳 주식회사 제이펍

출판신고 2009년 11월 10일 제406-2009-000087호
주소 경기도 파주시 회동길 159 3층 / **전화** 070-8201-9010 / **팩스** 02-6280-0405
홈페이지 www.jpub.kr / **원고투고** submit@jpub.kr / **독자문의** help@jpub.kr / **교재문의** textbook@jpub.kr

소통기획부 김정준, 이상복, 안수정, 박재인, 송영화, 김은미, 배인혜, 권유라, 나준섭
소통지원부 민지환, 이승환, 김정미, 서세원 / **디자인부** 이민숙, 최병찬

기획 및 진행, 교정·교열 박재인 / **표지 및 내지 디자인** nu:n
용지 타라유통 / **인쇄** 한길프린테크 / **제본** 일진제책사

ISBN 979-11-93926-53-6 (13630)
책값은 뒤표지에 있습니다.

※ 이 책은 저작권법에 따라 보호를 받는 저작물이므로 무단 전재와 무단 복제를 금지하며,
 이 책 내용의 전부 또는 일부를 이용하려면 반드시 저작권자와 제이펍의 서면 동의를 받아야 합니다.
※ 잘못된 책은 구입하신 서점에서 바꾸어 드립니다.

제이펍은 여러분의 아이디어와 원고 투고를 기다리고 있습니다. 책으로 펴내고자 하는 아이디어나 원고가 있는 분께서는 책의 간단한 개요와 차례, 구성과 지은이/옮긴이 약력 등을 메일(submit@jpub.kr)로 보내 주세요.

사계절을 담은
이케바나

홍세희 지음

jpub
제이펍

※ 드리는 말씀
- 일부 꽃과 식물의 정식 명칭이 생소한 경우는 맞춤법이나 외래어 표기법에 따르지 않고, 이케바나 수업이나 꽃 시장 등에서 통용되는 이름으로 표기했습니다.
- 일본어 단어는 최대한 우리말로 순화하였으나, 업계에서 통용되는 단어의 경우 일본어 발음 그대로 표기했습니다.

PROLOGUE

약 10년 전, 처음으로 일본 도쿄에 방문했을 때가 떠오릅니다. 그때 가장 인상 깊었던 장면은 거리 곳곳, 발길이 닿는 장소마다 놓여 있던 이케바나 장식들이었습니다. 추운 겨울이 되면 일본에서는 '신년 꽃꽂이'라는 이름으로 어디서든 꽃을 장식해 놓습니다. 이는 한 해를 잘 마무리하고, 다가오는 새해의 안녕을 기원하는 일종의 의식 같은 문화입니다. 이 시기가 되면 꽃집에서는 신년 꽃꽂이를 위한 다양한 꽃들을 합리적인 가격으로 판매하여 많은 사람들의 발길을 사로잡습니다.

일본에서는 꽃을 삶의 일부로 여기며, 꽃이 생활 속에 자연스럽게 자리 잡고 있습니다. 또한, '이케바나'라는 전통적인 꽃꽂이 문화를 이어가기 위해 모두가 진지한 태도로 함께 노력합니다. 저 역시 꽃을 다루는 사람으로서 이러한 문화가 매우 놀랍고, 한편으로는 부럽기도 했습니다.

한국에서 한창 화려한 스타일의 유러피안 꽃꽂이가 유행할 때, 저는 소박하지만 단정한 동양식 꽃꽂이의 멋과 문화에 반해 이케바나를 시작하게 되었습니다. 이케바나에 입문한 지 곧 10년이 다가오는 시점에 출판사의 좋은 제안을 받아 책을 출간하게 되었으니, 제게는 기념비적인 일이기도 합니다. 최근 우리나라에서도 이케바나에 관심을 갖는 분들이 점점 많아지고 있는데, 관련된 국내 서적이 없는 점이 무척 아쉬웠습니다. 그런 점에서 제가 그 첫 발을 내디딜 수 있게 되어 감사한 마음입니다.

이 책은 아직 이케바나가 낯선 분들에게도 쉽게 다가갈 수 있도록 만들었습니다. 봄, 여름, 가을, 겨울에 알맞은 꽃과 소재로 구성해 사계절의 변화와 순환을 느낄 수 있도록 했고, 유용하게 활용할 수 있도록 우리나라 꽃 시장에 맞는 팁도 수록했습니다. 따라서 이 책은 완전하고 전통적인 이케바나를 보여 주는 이론서나 학술서가 아닌, 넓은 의미의 이케바나를 두루 보여 주고 흥미롭게 즐기며 따라 할 수 있는 실용서로 생각해 주시면 좋겠습니다.

이케바나는 단순한 꽃꽂이를 넘어 자연의 아름다움과 계절의 감각을 표현하는 예술입니다. 꽃의 얼굴과 소재의 선에 집중하며 여백의 아름다움을 살린다는 점에서 동양의 사상을 여실히 보여 주는 문화이기도 합니다. 이 책을 통해 이케바나의 깊은 철학과 섬세한 미학을 느끼실 수 있기를 바랍니다.

지금부터 저와 함께, 화려하지는 않지만 정갈하고 기품 있는 이케바나의 멋을 즐겨 주시면 감사하겠습니다.

홍세희 드림

CONTENTS

PROLOGUE 005

이케바나 いけばな 012

이케바나의 의미 015

이케바나의 유파 016

이케바나와 서양식 꽃꽂이의 차이 018

이케바나를 위한 첫걸음 020

도구 소개

소재를 다루는 방법

– 가지를 꺾어서 사용하기

– 마사지해서 사용하기

소재를 고정하는 방법

– 침봉에 고정하기

– 타케구시를 사용해 병에 고정하기: 절화류

– 지지대를 사용해 병에 고정하기: 절지류

기분 좋은 설렘이 기지개를 켜는 **봄**			
	Gloriosa lily	글로리오사 グロリオサ	030
		산수유나무와 글로리오사	
		대나무와 글로리오사	
	Japanese apricot	매실나무 ウメ、梅	036
		매화	
		홍매화	
	Magnolia	목련 コブシ、辛夷	042
	Japanese quince	명자나무 ボケ、木瓜	046
	Azalea	철쭉 ツツジ、躑躅	050
	Reves spiraea	조팝나무	054
		공조팝나무	
		가는잎조팝나무	

		공조팝나무(솎아 내기)	
	Japanese cherry	벚나무 サクラ、桜	064
		하얀 벚나무	
		분홍 벚나무	
		겹벚나무	
	Lilac	라일락 ライラック	074
		하얀 라일락	
		보랏빛 라일락	
	Poppy	양귀비 ポピ	080
	Clematis	클레마티스 テッセン、鉄線	084
		보랏빛 클레마티스	
		자줏빛 클레마티스	
	Allium	알리움 アリウム	088
		블루퍼퓸웨이브	
		스네이크	
	Rose	장미 バラ	096
	Peony	작약 シャクヤク、芍薬	100
따사롭고 싱그러운 초록이 맺히는 **여름**	Cornus kousa	산딸나무 ヤマボウシ、山法師	106
	Oldham blueberry	정금나무 ナツハゼ、夏櫨	110
	Montbretia	애기범부채 クロコスミア	114
	Korean rosebay	진달래잎 カラムラサキツツジ、唐紫躑躅	118
	Iris	붓꽃 アヤメ、菖蒲	122
		쪽빛 붓꽃	
		노란 붓꽃	
		저먼아이리스	

	Mountain hydrangea	산수국 ヤマアジサイ	134
	Orchid	난잎 ラン、蘭	138
	Chocolatevine	으름덩굴 アケビ、木通	142
	Blackberry lily	범부채 ヒオウギ、檜扇	146
	Lotus	연 ハス、蓮	152
		기본 구도	
		응용 구도	
	Goldenrain tree	모감주나무 モクゲンジ	160
	Rubus coreanus	복분자 キイチゴ、木苺	164
	Anthurium	안스리움 アンスリウム	168
	Ricinus	피마자 トウゴマ、唐胡麻	174

붉고 풍요롭게
물들기
시작하는
가을

Oriental bittersweet	노박덩굴 ツルウメモドキ、蔓梅擬	180
	병 꽂이	
	침봉 꽂이	
Heavenly bamboo	남천 ナンテン、南天	186
Baby rose	찔레 ノイバラ、野茨	190
Gentian	용담 リンドウ、竜胆	194
Chestnut	밤나무 クリ、栗	198
Trollius	금매화 タマキンバイ	202
Dahlia	달리아 ダリア	206
Flame grass	억새 ススキ、薄	210
Cosmos	코스모스 コスモス	216

기나긴 밤 고요한 꿈이 깃든 **겨울**	Japanese winterberry	낙상홍 ウメモドキ、梅擬	222
	Narcissus	수선화 スイセン、水仙	226
	Kiwi vine	다래나무 コクワヅル、小桑蔓	232
	Phalaenopsis	팔레놉시스 コチョウラン	238
	Willow	버들 ヤナギ、柳	242
	Pine	소나무 マツ、松	246
		육송	
		오엽송	
		해송을 활용한 신년 꽃꽂이	
	Anemone	아네모네 アネモネ	256
	Japanese spicebush	생강나무 ダンコウバイ、檀香梅	262

프리츠한센의 이케바나 화병 활용법	266

이케바나 いけばな

이케바나(いけばな)는 일본식 꽃꽂이를 칭하는 말로, '꽃다, 꽃꽂이하다' 라는 의미를 가진 동사 '이케루(生ける)'와 '꽃'이라는 뜻의 단어인 '하나(花)'를 합친 합성어입니다. 단어 그대로 풀어 보자면 살아 있는 꽃과 식물을 활용하여 꽂는 행위를 의미합니다.

사계절의 나무와 꽃, 풀, 열매를 자연 그대로 꽂아 아름다움을 표현하는 꽃꽂이 방식으로, 자연의 미를 최대한 구현하고 꽃의 생명력을 유지하는 데에 중점을 둡니다. 꽃의 얼굴이 잘 돋보이게 하면서도 식물의 선과 형태에 집중하기 때문에 절제된 자연의 아름다움을 엿볼 수 있습니다.

이케바나는 일본의 전통 꽃꽂이 방식이지만, 자연의 일부나 다름없는 꽃을 있는 그대로 화기에 담아 그 생명력과 아름다움을 감상하고 즐긴다는 점에서, 넓게 보면 자연과 인간의 조화를 추구하는 동양의 전통문화와 정신이 깃들어 있습니다. 그래서 우리가 흔히 알고 있는 화려한 서양식 꽃꽂이와는 다르게, 선과 여백의 미를 극대화하는 방식이 특징입니다. 한 마디로, 자연과 조화를 이루며 계절의 감각을 표현하는 예술이라고 할 수 있습니다.

이케바나에는 여러 유파가 있지만, 이 책에서는 한 가지 유파의 꽃꽂이를 보여 주기보다는 넓은 의미의 이케바나로서 살아 있는 식물과 꽃을 활용하여 선과 여백의 미를 살린 꽃꽂이를 다룰 예정입니다.

이케바나의 의미

이케바나는 꽃을 꽂는 행위와 더불어 정신적인 수련을 강조합니다. 예쁘게 꽂는 것도 중요하지만, 수양하는 마음가짐으로 대한다고 하여 이케바나를 화도(花道·華道)라고도 합니다. 이케바나를 도(道)라고 인식한 것은, 미학적 측면뿐만 아니라 수양적인 측면에도 큰 중요성을 두었기 때문입니다. 자연의 이치를 깨달아 가며 마음도 함께 수양하는 꽃꽂이라고 할 수 있습니다.

또한, 이렇게 일상생활 속에서 자연을 즐기고 마음을 수양하며 하나의 장식으로 사용하는 생활 예술인 동시에 보는 이를 대접하는 접대 예술이기도 합니다. 이케바나를 장식해 놓음으로써 그 공간을 방문하는 사람들에 대한 예를 다하고 극진히 대접하며 환영한다는 의미가 담겨 있습니다.

이는 일본의 오모테나시(お持て成し, 일본에서 손님을 환대하는 서비스 정신을 이르는 말) 중 하나입니다. 일본에서는 이케바나로 손님을 맞이함으로써 오모테나시의 시작을 알리는 의미도 가지고 있습니다.

이케바나의
유파

이케바나에는 '유파'라는 것이 있습니다. 유파란, 사전적 의미로 '학계나 예술계에서 생각이나 방법 경향이 비슷한 사람들의 무리'를 말하는데, 이케바나에서도 이렇게 추구하는 방향과 법도, 행위에 대해 같은 생각을 가지고 함께하는 조직들이 있습니다.

일본에서는 전통 이케바나를 다루는 여러 유파가 있어서, 이 유파가 만든 서로 다른 스타일의 꽃꽂이를 이케바나라고 칭하기도 합니다. 이는 단순히 꽃을 꽂고 감상하는 행위에서 더 나아가 각 유파가 만든 형태나 표현에 맞게 작품을 만들어 내는 것을 말합니다. 일본에서 "이케바나를 하고 있어요." 혹은 "이케바나를 배우고 있어요."라고 말하면 가장 먼저 받는 질문이 "어느 유파인가요?"입니다. 그만큼 일본에서는 이케바나가 유파를 떼어 놓고는 생각할 수 없는 문화입니다. 유파에 의해 고유한 전통문화가 계승되고, 사람들은 이를 지키기 위해 노력하고 있습니다.

일본의 이케바나 유파는 약 2,000개 정도가 있지만, 현재 실질적으로 활동하는 유파는 600~700개 정도입니다. 그중에서 가장 대표적인 3대 유파가 이케노보(池坊), 오하라류(小原流), 소게츠류(草月流)입니다. 유파마다 추구하는 방향과 스타일은 모두 다릅니다. 이케바나 역사에서 하나의 유파로 시작한 곳은 이케노보입니다. 전통이 가장 깊은 유파이자 최초로 양식을 만들어 낸 유파로, 이케바나에서 중요한 역할을 하고 있습니다.

현재 제가 가르치고 있는 유파는 오하라류로, 우리나라에 널리 알려진 유파이기도 합니다. 낮은 수반에 꽂는 모리바나(盛花)를 최초로 만든 유파로, 이 모리바나는 이케바나에서 혁신적인 전환점을 만든 방식 중 하나입니다.

이케바나를 처음 접한 분들에게는 어려운 내용일 수도 있지만, 간단하게 이 3대 유파만 알고 있어도 됩니다. 이케바나를 꾸준히 공부하고 접하다 보면 각 유파의 특성도 구분할 수 있게 될 것입니다. 유파의 차이점과 특징을 알고 보는 것 또한 이케바나의 흥미로운 매력 중 하나입니다.

도쿄 미나토구에 위치한 오하라류 회관 모습

이케바나와
서양식 꽃꽂이의
차이

이케바나는 서양식 꽃꽂이와는 차이가 분명하며 이에 대한 특성을 먼저 이해하고 꽃을 꽂는 것이 좋습니다. 이케바나와 서양식 꽃꽂이의 차이점은 크게 두 가지가 있습니다.

첫 번째는 이케바나가 선을 극대화로 살린 꽃꽂이라는 점입니다. 이케바나는 소재가 가진 선을 매우 중요하게 생각하는 꽃꽂이기에 다른 어떤 요소보다 선을 최우선으로 생각합니다. 소재가 자체적으로 보여 주는 선을 활용하는 경우도 많지만, 그렇지 않을 경우에는 아름다운 선을 직접 만들어 내기도 합니다. 부드럽게 마사지하거나 부러뜨려서 가장 최적의 선을 만드는 테크닉을 구사하는데, 소재의 특성에 따라 테크닉은 다양하게 사용됩니다.

이러한 특성 때문에 이케바나에서는 서양식 꽃꽂이와는 다르게 소재 종류를 많이 사용합니다. 예쁘고 향기 좋은 꽃뿐만 아니라 절지류(꺾인 나뭇가지)도 많이 사용하며, 나무 종류에서 더 나아가 자연의 모든 계절 소재들을 활용할 수 있습니다. 그래서 이케바나를 공부하다 보면 우리가 알지 못했던 계절 소재들을 직접 보고 만지며 알아 가는 재미가 있습니다.

두 번째 차이점은 여백을 살린 꽃꽂이라는 것입니다. 이케바나는 아름다운 것들을 가득 채우는 것이 아니라, 최대한 비워 내는 꽃꽂이입니다. 물론 이케바나도 더 깊게 연구해 보면 화려하고 풍성한 작품들이 있기는 하지만, 일반적인 기준의 이케바나에서는 최소한의 소재와 꽃으로 완성도 높은 작품을 완성합니다. 따라서 나무의 가지나 잎, 그리고 꽃의 꽃송이 등 솎아 내는 작업이 중요한 꽃꽂이입니다. 최상을 보여 주기 위해 적절하게 솎아 내고 구도를 잡아 기는 과정을 거쳐야 하며, 이를 통해 여백도 아름다움을 보여 줄 수 있다는 것을 알려 줍니다. 이 케바나에서 보여 주는 여백의 미를 좇아가다 보면, 삶의 여유와 비워 내는 마음을 알아 가는 공부가 되기도 합니다.

이케바나를 위한
첫걸음

도구 소개

본격적인 이케바나를 위해서는 이케바나 전용 가위와 침봉, 화기를 갖추어야 합니다. 모두 반영구적으로 사용할 수 있으므로 한번 구비해 두면 편리합니다.

- **이케바나 가위**: 이케바나 가위는 일반 꽃가위와 달리 절지류와 절화류를 모두 자를 수 있어서 편리합니다. 주로 일본에서 판매하고 있지만 우리나라에서도 온라인 해외 배송으로 구입할 수 있습니다.

  tip 절지류와 절화류는 꽃 시장에서 판매하는 모든 꽃과 나무 소재를 말합니다.
  - 절지류: 꺾은 나뭇가지
  - 절화류: 꺾은 꽃

- **침봉**: 꽃과 소재를 고정하는 도구입니다. 침봉이 아닌 다른 도구를 이용하거나 아예 침봉이나 싯보 같은 보조 도구 없이 화병에만 꽂는 방법도 있지만, 이케바나를 하려면 기본적으로는 침봉을 다룰 줄 알아야 합니다. 침봉은 온라인에서도 구입할 수 있고, 꽃 시장에서도 판매합니다. 참고로, 이 책에서 사용한 침봉은 모두 일본 제품입니다.

- **화기**: 꽃은 어디에 꽂느냐가 매우 중요합니다. 같은 소재라도 화기에 따라 분위기가 달라지므로 특성이 다른 화기들을 두루 갖추고 있는 것이 좋습니다.

이케바나에 사용되는 화기

이케바나에서는 기본적으로 침봉이나 싯보가 물에 잠기는 정도의 깊이가 있는 화기를 사용합니다. 저도 병 꽃이가 아니라면 높이가 높은 화기보다는 적당하게 낮은 화기를 더 선호하는 편입니다. 여기서 말하는 높이란, 화기의 전체 높이가 아니라 물이 담기는 볼의 높이를 말합니다. 볼이 깊으면 꽃과 소재의 각도를 활용할 수 있는 범위가 좁아집니다.

화병은 병의 입구가 너무 넓지 않은 것을 사용하는 것이 좋습니다. 인위적인 고정 도구를 별도로 사용하지 않으므로, 병의 입구가 넓으면 그만큼 고정하기도 어려워지기 때문입니다. 집에서 활용할 때도 병 입구가 좁은 것을 추천합니다. 몇 대만 꽂아 놓아도 보기 좋습니다.

저는 화려한 무늬가 있는 것보다는 심플하고 모던한 화기를 선호합니다. 소재와 꽃이 보여 주는 아름다움을 최대한으로 감상하기에 좋기 때문입니다. 또한, 초보자들이 다루기에도 깔끔한 화기를 사용하는 것이 좋습니다.

> *tip* 싯보(七宝)는 침봉 이전에 소재를 고정하는 용도로 사용하던 도구입니다. 침으로 된 고정 도구가 아니라 구역이 나눠져 있어 이 나눠진 공간들을 잘 활용해 고정하는 도구입니다. 편리한 침봉이 나오고 난 뒤로는 침봉의 사용률이 높아졌지만, 일본의 전통 이케바나에서는 아직도 싯보를 이용한 이케바나 작품이 많습니다.

소재를 다루는 방법

하나의 작품을 만들기 위해서는 소재와 꽃을 다룰 줄 알아야 합니다. 특히 이케바나에서는 소재의 '선'을 살리는 것이 가장 중요하므로 선을 보는 눈과 함께 선을 만들어 내는 능력을 키워야 합니다. 절지류를 다룰 때는 기본적으로 두 가지 방법이 있습니다. 첫 번째는 가지를 부러뜨려서 선을 만드는 방법이고, 두 번째는 마사지해서 선을 만드는 방법입니다. 두 가지 방법 모두 손의 힘을 조절하는 것이 포인트입니다.

tip 소재마다 특성이 달라서 적용하는 방법도 조금씩 달라집니다. 따라서 가장 먼저 소재에 대한 이해가 바탕이 되어야 합니다. 선을 만드는 것은 경험이 있어야 익숙해지는 과정이므로 여러 번 연습해 보세요.

가지를 꺾어서 사용하기

01 꺾고 싶은 위치를 선정하고 그 부분을 가운데로 하여 양옆을 잡아 줍니다. 꺾는 위치와 각도를 먼저 생각한 후에 힘을 줍니다.

02 한 번에 힘을 주지 말고, 조금씩 천천히 손과 가지에 힘을 가합니다.

03 힘을 가할 때의 옆모습입니다.

04 원하는 각도로 꺾인 모습입니다.

마사지해서 사용하기

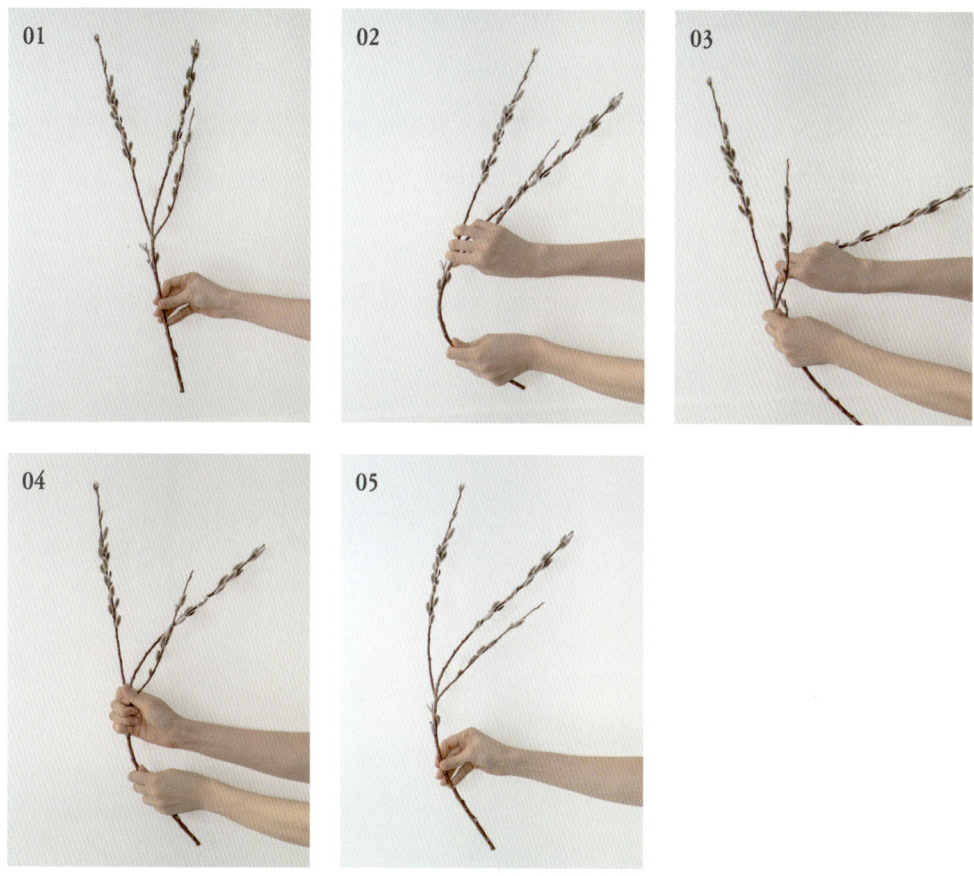

01 마사지가 가능한 소재를 준비합니다.

02 선을 만들고 싶은 부분을 두고 양옆에 살짝 힘을 줘서 곡선을 만듭니다.

03 마사지해서 만드는 선은 굽어지는 부분이 길기 때문에, 자연스럽게 연결되도록 전체를 만져 주어야 합니다.

04 2번 과정에서 만든 곡선 위아래를 모두 마사지해서 전체적으로 자연스럽게 곡선이 이어지도록 합니다.

05 원하는 선으로 마사지한 모습입니다.

소재를 고정하는 방법

소재와 꽃을 고정하려면 기본적으로 도구가 필요합니다. 가장 일반적으로 사용하는 도구는 침봉으로, 꽃과 나무를 고정하여 작품을 완성하는 것입니다. 낮은 수반 같은 화기에는 침봉을 사용해 고정하는 것이 가장 편리합니다. 화병에는 침봉을 사용하기 어렵기 때문에 침봉이 아닌 다른 방법으로 소재와 꽃을 고정합니다. 지지대를 만들거나 고정할 수 있는 도구로 병 속에서 고정하는 등 다양한 방법이 있습니다.

작품을 만들기에 앞서 기본적인 고정 방법 몇 가지를 익혀 보겠습니다.

침봉에 고정하기

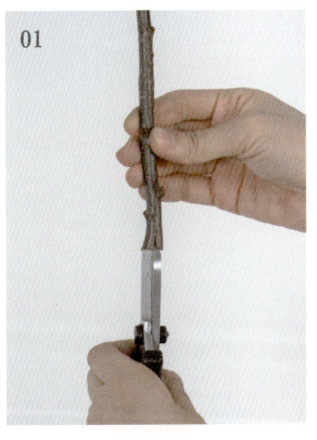

01 침봉에 꽂을 소재 아래에 가위집을 냅니다.

02 절지류는 십자(+) 모양으로 가위집을 내는 것이 좋습니다.
   tip 절화류는 가위집을 한 번만 내거나, 아예 가위집을 내지 않고 꽂아도 좋습니다.

03 가위집을 낸 소재를 침봉에서 원하는 위치에 꽂습니다. 침봉 끝까지 밀어 꽂아야 단단하게 고정됩니다.

04 침봉에 고정된 모습입니다.

타케구시를 사용해 병에 고정하기 - 절화류

타케구시를 줄기에 꽂아서 고정하는 방법입니다.

※ 타케구시[竹串(たけぐし)]는 우리말로 꼬치를 의미합니다.

01 고정하고 싶은 꽃의 줄기 끝에 타케구시를 꽂아 줍니다.

02 꽃을 고정하는 기울기에 따라 타케구시를 꽂는 각도가 달라집니다.
   tip 만약 꽃을 세우고 싶다면 타케구시도 세워서 꽂아야 합니다. 기울기가 커질수록 타케구시의 각도도 커집니다.

03 타케구시를 꽂은 모습입니다.

04 타케구시를 꽂은 상태로 병에 고정한 모습입니다.

지지대를 사용해 병에 고정하기 – 절지류

지지대를 만들어 병에 걸쳐서 고정하는 방법입니다.

01

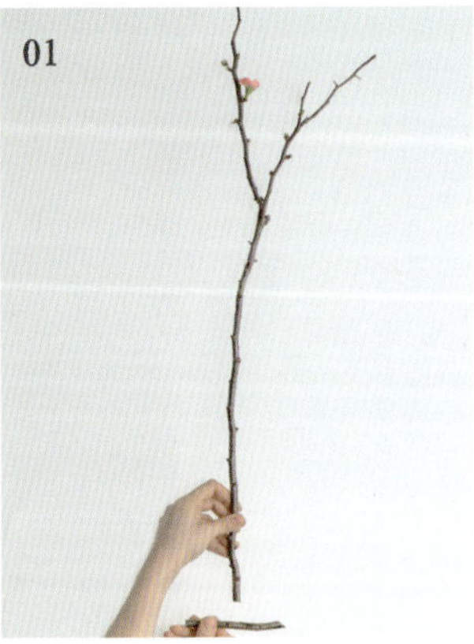

02

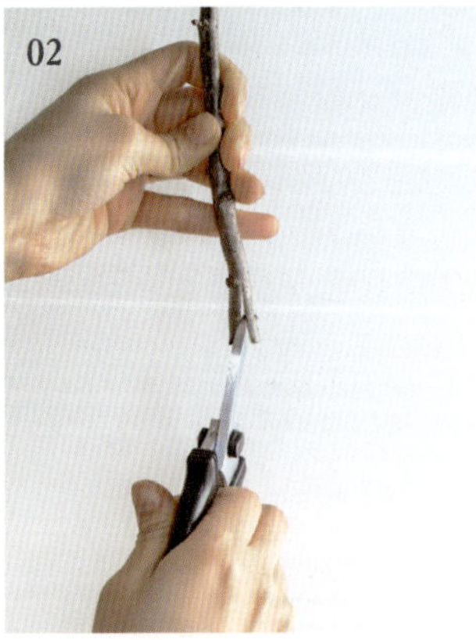

03

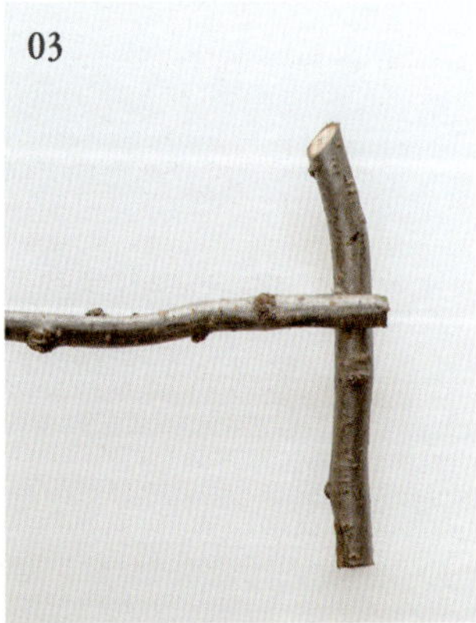

04

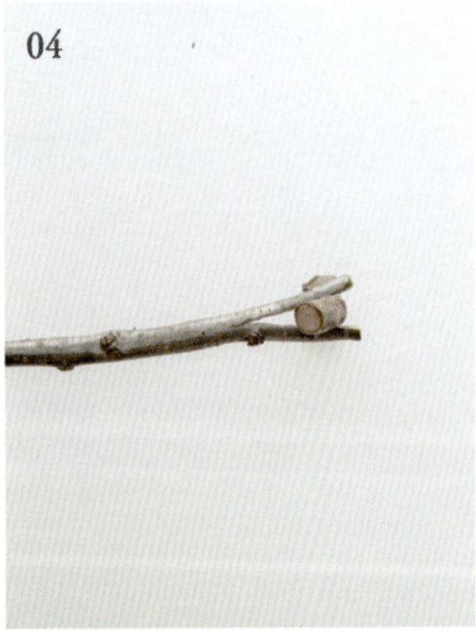

05

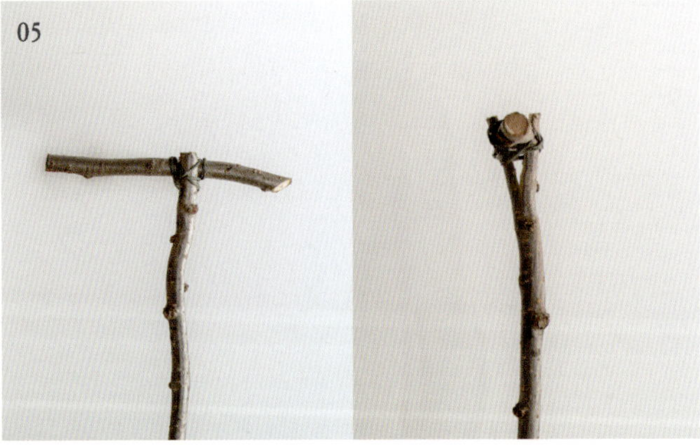

06

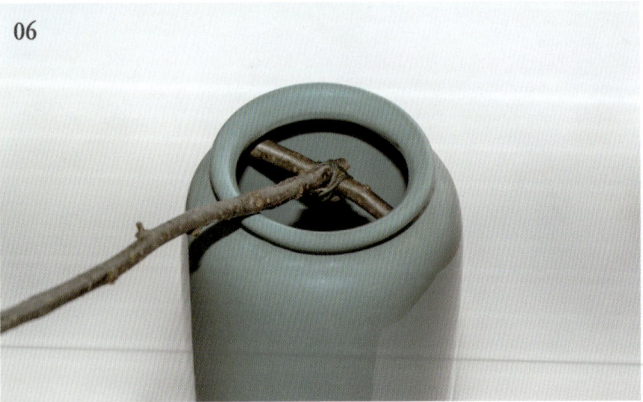

01 병 사이즈에 맞춰 가지를 잘라 지지대를 만듭니다.

02 가위를 사용해 고정하고 싶은 가지의 끝을 반으로 가릅니다.
    tip 가지의 보여지는 면과 각도를 고려하여 가르는 것이 중요합니다.

03 반으로 가른 가지 끝에 지지대를 꽂아 줍니다.

04 지지대를 꽂은 옆 모습입니다.

05 와이어로 지지대가 흔들리지 않도록 단단하게 고정합니다.

06 사용하고자 하는 화병 입구에 걸쳐 고정합니다.
    tip 절지류는 지지대를 만드는 방법뿐 아니라 앞서 설명한 타케구시를 꽂는 방법으로도 고정이 가능합니다. 또한, 타케구시를 꽂아서 고정하는 것과 같은 원리로 가지를 부러뜨려서도 고정할 수 있습니다. 하지만 초보자들이 일반적으로 하기에 쉬운 방법은 아니므로 연습을 통해 자신에게 맞는 방법을 찾는 것이 좋습니다.

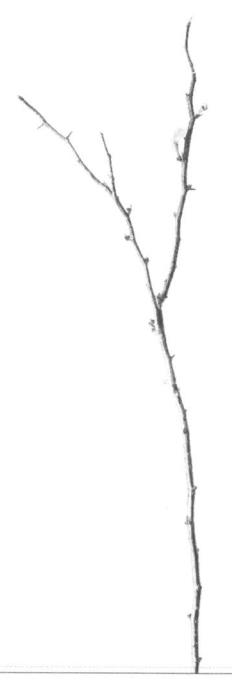

기분 좋은 설렘이
기지개를 켜는

봄

春

Gloriosa lily

글로리오사 グロリオサ

봄에 개화하는 글로리오사는 독특한 모양으로 고급스러운 분위기를 자아냅니다. 잎의 끝이 말려들어 있는 모습이 매력적이라 이케바나에 더욱 잘 어울리는 꽃이기도 합니다.

노랗게 터지는 꽃이 아름다워 관상용으로 많이 사용하는 산수유나무는 가지가 튼튼해 부러뜨려서 사용할 수 있는 소재입니다. 이케바나에서는 힘을 가해 대를 부러뜨리고 선을 만들어서 사용하며, 여성스러운 느낌보다는 웅장하고 동양적인 분위기를 자아냅니다.

【 꽃 시장에서는 이렇게 】

글로리오사는 보통 한 대 혹은 세 대씩 묶어서 판매하며, 가격이 저렴하지는 않다 보니 포인트 꽃으로 사용하기에 적절합니다. 색감은 붉은색이 대표적이고 수입된 글로리오사는 노란색이나 주황색, 흰색, 보라색 등 다양한 색상이 있습니다.

산수유나무는 이른 봄의 소재지만 시장에서는 1월부터 볼 수 있습니다. 시장에는 꽃과 소재가 보통 자연에서 개화하는 시기보다 이르게 나오므로 이를 참고하여 방문해야 합니다. 구매할 때는 부러뜨리기 좋도록 너무 굵지 않은 나무를 고르는 것이 좋습니다.

• 산수유나무와 글로리오사

【사용한 재료】산수유나무, 글로리오사

01 화병을 준비합니다. 글로리오사의 동양적인 미를 더욱 돋보이게 하기 위해 문양이 있는 화병을 선택했습니다.

02 화병과 조화롭도록 산수유나무의 길이를 잘라서 넣습니다.
tip 나무 끝이 바닥과 입구에 닿도록 길이와 선을 만들어 주면 고정하기 쉽습니다.

03 메인 가지와 어우러지도록 보조 가지를 추가합니다.

04 꽃이 양쪽으로 뻗은 글로리오사 한 대를 꽂아 줍니다.

05 양쪽으로 벌어진 꽃 사이가 어색하지 않도록 길이가 좀 더 짧은 글로리오사 한 대를 가운데에 꽂습니다.

• 대나무와 글로리오사　　【사용한 재료】 대나무, 글로리오사

01 대나무가 돋보이도록 넓고 낮은 화기(수반)와 침봉을 준비합니다.

02 화기의 가로세로를 더한 길이로 대나무를 잘라 가운데에 꽂습니다.

　tip 대나무는 소재를 판매하는 집에서 구매할 수 있으며, 자를 때는 톱을 사용합니다. 침봉에 꽂을 때는 대나무 아래에 가위집을 여러 곳에 낸 다음 꽂는 것이 안전합니다.

03 처음 꽂은 대나무의 3/4 혹은 2/3 정도의 길이로 새로운 대나무를 잘라 옆에 꽂습니다.

　tip 처음 꽂은 대나무와 벌어지지 않도록 가까이 붙여서 꽂습니다.

04 처음 꽂은 대나무의 3/5 혹은 1/2 길이로 새로운 대나무를 하나 더 잘라 다른 쪽에 꽂습니다.

05 메인이 될 글로리오사를 골라서 앞으로 살짝 기울여 꽂습니다.

06 메인 글로리오사와 간격을 띄우고 글로리오사를 하나 더 꽂아서 입체감이 느껴지도록 합니다.

07 몽우리나 얼굴이 작은 꽃을 길게 꽂습니다.

08 아래쪽이 허전해 보이지 않도록 각을 낮춰 글로리오사를 꽂아줍니다.

Japanese apricot

매실나무 ウメ、梅

매실나무는 장미과에 속하는 낙엽 활엽수로, 이 매실나무에서 피는 꽃이 바로 우리가 흔히 아는 '매화'입니다. 매화는 이른 봄에 피는 꽃이기에, 매화가 피는 시기가 되면 부쩍 봄이 다가오고 있음을 느낄 수 있습니다. 임팩트 있는 작품으로 장식하고 싶다면 여러 대를 꽂아 놓기보다는 두세 단을 구입해서 그중 가장 멋있는 한 대를 골라 꽂는 것이 좋습니다.

【 꽃 시장에서는 이렇게 】

시장에서는 매화나무와 함께 얇은 선을 가진 백매화, 홍매화를 만날 수 있습니다. 서로 다른 매력을 보여 주며 몽우리에서 활짝 피어나는 과정을 보는 것만으로도 즐거운 소재입니다.

• 매화

【사용한 재료】 매실나무

01 수반과 침봉을 준비합니다.

02 매실나무는 부러뜨려서 선을 만들 수 있습니다. 메인이 되는 가지를 하나 골라서 선을 만듭니다. 이때 꽃의 생장점을 건드리지 않도록 주의해서 만져야 합니다.
   tip 매화는 짧게 사용하는 것보다 길고 존재감이 느껴지도록 사용하는 것이 좋습니다.

03 매화의 중요한 특징인 이끼가 낀 표피의 매력을 그대로 보여 주는 것이 좋습니다.

04 완성한 모습입니다.

• 홍매화

【사용한 재료】 홍매화, 홍설유화

01 화병과 침봉을 준비합니다. 여러 개의 소재를 넣을 예정이므로 꽂힌 부분을 가릴 수 있는 항아리 같은 화병이 좋습니다.

02 메인이 되는 홍매화 가지를 정하고 꽃이 많이 떨어지지 않도록 조심히 만져서 부드럽게 고정합니다. 홍매화의 길이는 화기의 가로세로를 더한 길이의 1.5~2배 정도로 잡는 것이 좋습니다.

03 메인 가지보다 조금 더 짧은 가지로 다른 선을 만들어 꽂습니다.

04 나머지 가지들도 모두 다른 길이와 다른 방향으로 나아가도록 선을 만들어 꽂습니다.

05 다양하고 자연스러운 흐름이 생기도록 구성합니다.

06 홍매화와 어우러지도록 홍설유화를 꽂아줍니다. 홍설유화의 꽃을 중간중간 솎아내면 좀 더 깔끔한 작품이 완성됩니다.

　　tip 설유화의 정식 명칭은 '가는잎조팝나무'지만, 꽃 시장이나 이케바나 클래스에서는 흔히 '설유화'로 부릅니다.

07 화기 입구 쪽의 공간이 너무 뜨지 않도록 가지를 알맞게 채워 줍니다.

08

09

08 화기 가운데가 허전해 보이지 않도록 짧은 가지를 풍성하게 꽂습니다. 적당한 여백이 생기도록 솎는 작업이 중요합니다.

09 메인 가지의 반대 방향도 연결성이 생기도록 비슷하게 마무리합니다. 갑자기 뚝 끊긴 느낌이 들지 않도록 하는 것이 중요합니다.

Magnolia

목련 コブシ、辛夷

목련은 봄의 대표적인 소재로, 보통 3~4월에 개화합니다. 몽우리의 껍질이 벗겨지면서 부드러운 흰색 꽃이 피어나는데, 그 과정이 무척 아름다워 황홀한 마음마저 느껴집니다. 만개한 것보다 과정이 더 아름다운 꽃으로, 만개 후에는 금방 시들어 버린다는 단점이 있습니다. 하지만 그래서 모든 순간순간이 더욱 소중한 꽃나무입니다.

목련에는 하얀 목련과 자목련이 있습니다. 길에서 흔히 볼 수 있는 목련 나무가 하얀 목련이고, 간혹 발견할 수 있는 자주색 꽃의 나무가 자목련입니다. 자목련은 짙은 색감이 매력적인 꽃으로, 여기서는 자목련을 활용한 작품을 보여 드리겠습니다.

【 꽃 시장에서는 이렇게 】

목련은 나무가 건조하고 딱딱해서 마사지하거나 부러뜨릴 수 없는 소재이므로 있는 그대로의 선을 사용해야 합니다. 따라서 시장에서 구매할 때는 너무 일자로 쭉 뻗은 목련보다는 어느 정도의 선이 있는 목련을 구매하는 것이 좋습니다. 또한, 껍질에 상처가 없는 몽우리로 구매하는 것을 추천합니다.

【사용한 재료】 자목련, 버터플라이 라넌큘러스

01 화기와 침봉을 준비합니다. 높이 올라가는 디자인을 할 때는 화기의 목이 살짝 긴 것이 좋습니다.

02 메인이 되는 가지를 골라서 무게 중심이 가운데가 되도록 꽂습니다.

03 시선의 중심이 될 만개한 목련 한 송이를 앞으로 기울여서 가운데에 꽂습니다.

04 모든 선이 위로만 향하지 않도록, 옆으로 향하는 가지도 꽂습니다.

05 흐름이 만들어지도록 적당히 핀 또 다른 가지를 꽂습니다.

06 침봉과 가까운 아래 공간이 뜨지 않도록 얇은 선의 가지를 넣습니다.

07 어느 정도 완성되면 버터플라이 라넌큘러스를 넣습니다. 목련이 비교적 일자로 쭉 뻗은 가지가 많기 때문에, 선이 있는 라넌큘러스를 활용하면 딱딱한 느낌을 완화할 수 있습니다.

08 소재들이 꽂힌 부분이 지저분해 보일 수 있으므로 가려 줍니다.

09 위에서부터 아래로 일자로 잘린 느낌이 들지 않도록 옆으로 향하는 꽃을 꽂아 자연스럽게 만듭니다.

10 멀리서 전체적인 구도를 확인한 후 가지를 추가해서 마무리합니다.

Japanese quince

명자나무 ボケ、木瓜

명자나무는 '산당화'라고 부르는 것이 좀 더 익숙한 나무입니다. 봄의 대표적인 소재이자 장미과에 속하는 낙엽관목으로, 가지에 굵은 가시가 있어 조심히 다뤄야 합니다. 꽃은 흰색, 붉은색, 복숭아색으로 4~5월에 피어납니다. 몽우리에서 '팡!' 하고 터지듯 피는 꽃이 매우 아름답고, 만개한 이후에도 꽤 오랫동안 볼 수 있어 집에 장식해 두기도 좋습니다.

생각보다 가지에 힘이 있으므로 꺾어서 라인을 만들기 좋기 때문에 이케바나에서는 봄이 되면 꼭 사용하는 소재입니다. 꽃이나 잎이 풍성하지 않고 선을 강조할 수 있어서 동양적인 미를 보여 주기에 적합합니다. 침봉 꽂이, 병 꽂이 등 모든 화기에 두루 활용하기 좋아 봄에는 꼭 한 번쯤 사용해 보는 것을 추천합니다.

【꽃 시장에서는 이렇게】

시장에서는 봄이 되기 전에 일찍 나오므로, 미리 구입해서 봄을 기다리는 마음으로 집에 장식해 두는 것도 좋습니다. 소재집에서 판매하며, 꽃이 피지 않은 몽우리 상태로 구매하는 것을 추천합니다. 만약 선을 만들 생각이라면 너무 굵지 않은 것으로 골라야 하며, 끝이 뭉뚝하지 않고 최대한 끝으로 갈수록 뾰족해지는 선을 고르는 것이 좋습니다.

【 **사용한 재료** 】 명자나무

01

02

01 **화기와 침봉을 준비합니다.**
    tip 명자나무만 이용할 때는 고정하기 쉽도록 병의 입구가 좁은 것을 사용하는 것이 좋습니다.

02 **가지를 골라 원하는 선을 만든 후, 위로 올라가도록 고정합니다.**
    tip 높이 올라가는 소재는 선이 가늘고 꽃이 만개하지 않은 것이 좋습니다.

03 꽃이 어느 정도 피어 있는 풍성한 가지를 골라 짧게 앞쪽으로 기울여 넣습니다.
   tip 병의 입구가 허전해 보이지 않도록 어느 정도 가려서 꽂아 줍니다.

04 좌우의 균형이 맞도록 반대편으로 나가는 가지를 하나 더 꽂아 마무리합니다.

Azalea

철쭉 ツツジ、躑躅

철쭉은 진달래과에 속하는 낙엽관목으로 꽃이 연한 분홍색을 띠고 있습니다. 진달래와는 달리 철쭉꽃에는 독이 있으므로 함부로 먹지 않도록 주의해야 합니다. 간혹 철쭉을 흔하고 촌스러운 나무라고 생각하는 경우도 있지만, 자세히 들여다보면 얇은 선의 가지와 연한 분홍빛의 꽃잎을 가지고 여리여리하게 우아한 자태를 뽐내는 철쭉의 매력을 발견할 수 있을 것입니다. 특히 이케바나에서 철쭉을 만나면 '철쭉이 이렇게 아름다웠나?' 싶을 정도로 철쭉의 숨겨진 매력을 더욱 잘 느낄 수 있습니다.

선이 얇다 보니 꺾어서 사용하기는 어렵지만, 살짝 마사지해서 사용하는 것은 가능합니다. 하지만 힘 조절이 매우 중요하므로 어느 정도 숙련이 되고 난 다음에 시도해 보는 것을 추천합니다.

【꽃 시장에서는 이렇게】

철쭉은 소재집에서 판매하며, 꽃잎이 깨끗하고 힘이 있는 것을 고르면 됩니다. 특히 몽우리 상태를 구입해 피어나는 과정을 지켜보면 기쁨이 배가되는 것을 느낄 수 있습니다.

【**사용한 재료**】 철쭉

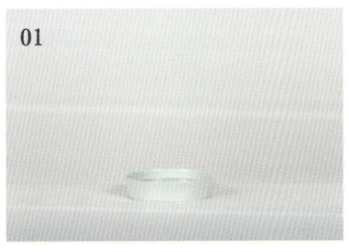

01 화기와 침봉을 준비합니다.

02 약간의 선이 있으면서 꽃과 몽우리가 적당히 달린 가지를 골라서 위로 향하게 꽂습니다.
    tip 가지의 길이는 화기의 가로세로를 더한 높이 혹은 조금 더 여유롭게 준비합니다.

03 2번 과정의 가지보다 짧은 가지를 골라서 각도를 낮춰 꽂습니다.
    tip 꽃이 하늘을 향하도록 꽂는 것이 좋습니다.

04 침봉에 꽂힌 부분을 가려주기 위해 만개한 철쭉을 짧게 잘라 앞으로 기울여 꽂습니다.

05 빈 공간을 채워 주기 위해 짧은 꽃을 꽂습니다.
    tip 같은 단에 있는 꽃이라도 색감의 차이가 조금씩 있으므로, 이를 적절하게 잘 배합하여 사용하는 것이 좋습니다.

06 한쪽으로 너무 기울어지는 느낌이 나지 않도록 반대쪽에도 가지를 꽂습니다.
    tip 반대쪽에 3번 과정과 같은 각도로 꽂을 경우, 대칭이 되므로 자칫 촌스러워 보일 수 있습니다. 비대칭이 되도록 길이와 각도를 조절합니다.

tip 잎이나 꽃이 풍성하지 않은 소재를 단독으로 사용할 때는, 최대한 한 점에서 나오는 것처럼 보이도록 꽂는 것이 중요합니다.

07 아래쪽 공간이 떠 보이지 않도록 가지를 꽂아 채웁니다.

08 가운데에 있는 꽃과 가지 사이에 짧은 꽃을 추가해 연결성을 만듭니다.

09 멀리서 바라보고, 허전한 공간에 가지를 추가해 마무리합니다.

Reves spiraea

Thunberg spiraea

조팝나무

조팝나무는 우리나라의 산책로나 길에서 자주 볼 수 있는 나무로, 봄의 시작을 알리는 대표적인 식물 중 하나입니다. 꽃잎이 많이 떨어진다는 단점이 있긴 하지만 작고 하얀 꽃들이 모여서 귀엽게 보이는 소재로, 시장에서는 공조팝나무와 가는잎조팝나무를 만날 수 있습니다. 공조팝나무는 하얀 꽃들이 동글동글하게 모여서 줄줄이 달린 조팝나무를 말하며, 가는잎조팝나무는 우리가 흔히 설유화라고 부르는 것입니다. 마찬가지로 꽃 시장에서도 설유화로 불립니다.

공조팝나무는 아래쪽으로 살짝 처지는 선을 가지고 있으며, 이 특징을 고려해 디자인해야 합니다. 가는잎조팝나무는 쭉 뻗은 선을 가진 종도 있고, 휘몰아치는 선을 가진 종도 있어 디자인에 맞게 구매해서 사용하면 됩니다.

- 공조팝나무 コデマリ

【사용한 재료】 공조팝나무

01 화병을 준비합니다.

02 메인이 되는 가지를 병 입구에 기대서 꽂습니다.

03 메인 가지의 꽃이 너무 비어 보이지 않도록 가지를 겹쳐서 더하면 완성입니다.

• 가는잎조팝나무 ユキヤナギ   【사용한 재료】 가는잎조팝나무

01 화기와 침봉을 준비합니다.

02 메인이 되는 가지를 꽂아줍니다.
   tip 가는잎조팝나무는 사방으로 잔가지들이 퍼져 나가는 것이 특징입니다. 이 점을 최대한 살리되 너무 겹치지 않도록 가지와 꽃의 양을 솎아 내는 것이 중요합니다.

03 가운데가 비어 보이지 않도록 풍성한 가지를 짧게 꽂습니다.

04 흐름을 만들어주기 위해 옆으로 향하는 가지도 꽂아 줍니다.
   tip 일자로 쭉 뻗은 가지보다 살짝 선이 있는 가지를 사용하는 것이 예쁩니다.

05 선이 있는 가지를 반대편에도 꽂습니다.
    tip 좌우대칭이 되지 않도록 선의 모양이나 길이를 조절해 줍니다.
06 선이 끊기지 않고 자연스럽게 이어지도록 가지를 추가합니다.
07 멀리서 전체적인 구도를 확인하고 밸런스를 잡으며 완성합니다.

• 공조팝나무(솎아 내기) コデマリ　　【사용한 재료】공조팝나무

01 화기와 침봉을 준비합니다.

02 가장 마음에 드는 가지를 골라 화기의 비율에 맞게 꽂습니다.
　　tip 한 가지 종류의 소재를 사용할 때, 꽃과 잎을 솎아 내는 과정을 보여 주는 작품입니다.

03 교차되는 가지를 먼저 잘라 냅니다.

04 겹치거나 교차되는 다른 가지를 더 잘라 냅니다.

05 여백이 살아나도록 답답한 부분을 더 잘라 냅니다.

06 전체적인 선 정리를 한 다음에는 뻗어 있는 가지들의 꽃과 잎을 솎아 내는 작업을 합니다.

07 6번 과정과 마찬가지로 반대편 가지의 꽃과 잎도 솎아 내서 마무리합니다.

Japanese cherry

벚나무 サクラ、桜

봄하면 가장 먼저 떠오르는 대표적인 꽃으로 벚꽃을 꼽지 않을 수 없습니다. 우리나라에서는 봄이 되면 온 세상이 벚꽃색으로 물들고 지나가는 사람들의 마음까지 화사해집니다. 일본에서도 상징적인 꽃이기에 이 시기가 되면 행사는 물론이고 화과자 같은 음식이나 일상생활까지 거의 모든 것들이 벚꽃으로 물들곤 합니다.

 우리가 흔히 아는 벚나무의 벚꽃이 지고 난 후에는 핑크빛의 겹벚나무가 개화합니다. 겹벚나무의 수는 벚나무에 비해 현저히 적지만 진한 핑크빛의 겹벚꽃이 만개한 모습을 보면 감탄이 절로 나옵니다. 3월 말부터 5월까지, 따뜻한 날씨와 함께 다양한 벚나무를 즐겨 보시길 바랍니다.

 벚나무는 한 대만 있는 것보다 여러 대를 화병에 꽂아 아름다운 꽃을 화사하게 감상하는 것을 추천합니다.

【 꽃 시장에서는 이렇게 】

시장의 벚나무는 자연에서 피는 벚나무보다 더 일찍 나오고, 자연에서 핀 벚나무가 다 지고 난 이후에도 한동안 계속 만날 수 있습니다. 만개한 것보다는 아직 피지 않은 몽우리로 된 나무를 사는 것이 좋습니다. 하얀 벚꽃, 분홍 벚꽃, 노지 벚꽃 등이 있으니 다양하게 활용해 보세요.

• 하얀 벚나무

【사용한 재료】 하얀 벚나무

01 화기와 침봉을 준비합니다.

02 메인이 되는 가지를 선정해서 꽂습니다.
   tip 메인 가지는 아래를 바라보는 것보다 끝 선이 위로 향하는 것이 좋습니다.

03 짧은 가지를 메인 가지와 살짝 겹쳐서 한 가지처럼 보이도록 꽂아 줍니다.

04 벚꽃이 풍성해지도록 더 꽂아 줍니다.

05

06

05 흐름이 연결되도록 아래쪽에 가지를 하나 더 꽂습니다.

06 화기 입구 부분에 벚꽃이 풍성해지도록 짧은 가지를 더해 마무리합니다.

• 분홍 벚나무

【사용한 재료】분홍 벚나무

01 화기와 침봉을 준비합니다.

02 메인이 되는 벚나무 가지를 골라서 고정합니다.
　　　 tip 꽃이 너무 뭉쳐 있다면 한두 송이 정도 솎아 줍니다.

03 메인 가지와 길이를 다르게 하여 다른 방향으로 나아가도록 꽂아 줍니다.
　　　 tip 한 점에서 나오는 것처럼 보이도록 모아서 꽂습니다.

04 위로만 올라가지 않도록 옆으로 향하는 가지를 꽂습니다.

05 가지 아래 쪽이 허전하다면 꽃이 있는 짧은 가지를 추가합니다.

06 풍성해 보이도록 짧은 가지를 좀 더 추가합니다.
   tip 앞으로 기울여 꽂아야 입체감이 생기고 풍성해 보입니다.

07 4번 과정에서 꽂았던 반대 방향으로도 가지를 꽂습니다.
   tip 4번 과정의 가지와는 다른 선과 길이로 꽂아야 대칭이 되지 않습니다.

08 멀리서 전체적인 균형을 확인한 후, 풍성해 보이도록 꽃을 더해 마무리합니다.

• 겹벚나무

【사용한 재료】 겹벚나무

01 동글동글한 꽃을 가진 겹벚나무의 이미지와 어울리도록 동그랗고 귀여운 느낌의 화기와 침봉을 준비합니다.

02 메인이 될 겹벚나무를 선정해 길이를 잘라 꽂습니다.
  tip 가지의 적절한 길이는 화기의 가로세로를 더한 길이의 1.5~2배입니다.

03 메인이 될 꽃송이를 아래쪽에 꽂아 화병 입구를 가려 줍니다.
  tip 위로 향하도록 꽂는 것이 아니라 앞으로 기울여서 꽂아야 입구가 가려집니다.

04 한쪽으로만 무게가 쏠리지 않도록, 중심을 잡아 줄 가지를 하나 추가합니다.

05   아래쪽에 귀여운 몽우리를 추가해 완성합니다.

Lilac

라일락 ライラック

5월에 들어서면 길가의 라일락 향기를 맡으며 화창한 봄날을 즐길 수 있습니다. 라일락은 보라색과 하얀색이 있고, 꽃의 얼굴이 좀 더 여리여리한 미스김 라일락도 있습니다. 우리가 가장 흔하게 볼 수 있는 것은 공원이나 골목길에 있는 보라색 라일락입니다. 라일락은 물푸레나무과의 낙엽관목으로 자연에서는 5m 정도로 생각보다 꽤 크게 자라는 편입니다.

색감도 예쁘지만 무엇보다 은은하게 퍼지는 향이 매력적이며 단독으로 꽂아 놓아도 충분히 아름답습니다. 생각보다 물이 잘 내리기(시들기) 때문에 관리를 잘 해야 하고, 너무 건조하거나 해가 들어오는 곳에는 두지 않는 것이 좋습니다.

【꽃 시장에서는 이렇게】

시장에서는 3월이나 4월부터 만날 수 있고, 꽃의 얼굴이 풍성하며 꽃잎들이 얼굴을 세우고 있는 것을 고르는 게 좋습니다.

• 하얀 라일락

【사용한재료】하얀 라일락

01 화기와 침봉을 준비합니다.

02 얼굴이 풍성한 가지를 짧게 잘라 앞으로 기울여 꽂습니다.

03 2번 과정보다 꽃의 얼굴이 가볍고 선이 있는 가지를 골라 위로 올라가도록 꽂습니다.

04 2,3번 과정과는 다른 얼굴을 가진 가지를 골라 앞쪽에 꽂습니다.
tip 가지가 꽂힌 부분이 가려지도록 맞춰서 꽂아 줍니다.

• 보랏빛 라일락

【사용한 재료】미스김 라일락

01 화기와 침봉을 준비합니다.

02 옆으로 기울이는 디자인에 맞는 가지를 골라서 꽂습니다.
   tip 가지의 길이는 화기의 가로세로를 더한 길이 혹은 그것보다 조금 더 여유 있게 자르는 것이 좋습니다.

03 메인이 될 만한 풍성한 가지를 골라서 짧게 앞으로 기울여 꽂습니다.

04 자연스러운 느낌이 들도록 잎을 함께 꽂아 줍니다.

05   2번 과정에서 꽂은 가지의 아랫부분을 살짝 가릴 수 있도록, 연결되는 느낌의 가지를 꽂습니다.

06   모든 라일락이 한 점에서 나오는 것처럼 보이도록 일렬로 침봉에 꽂는 것이 좋습니다.

07   전체적인 흐름이 생기도록 가지를 더해 마무리합니다.

Poppy

양귀비 ポピ

관상용 양귀비는 흔히 '뽀삐'라고도 부릅니다. 5~6월에 피는 꽃으로 다양한 색상을 가지고 있으며, 몽우리의 껍질이 벗겨지면서 구겨져 있던 꽃잎이 서서히 피어나는 모습을 감상하는 것이 매력 포인트입니다. 또한, 껍질이 벗겨지기 전까지는 꽃의 색상을 알 수 없기 때문에 어떤 색의 꽃이 피어날지에 대한 기대감에 가슴이 설레고는 합니다.

만개한 양귀비는 가는 꽃대와 얇은 꽃잎이 주는 우아하고 아름다운 모습이 시선을 사로잡는 매력이 있습니다. 꽃이 질 때도 꽃잎이 한 장씩 떨어지며 서서히 시들어 가는데, 이 모습 또한 하나의 감상 포인트입니다. 꽃이 피고 지는 과정의 처음부터 끝까지 모든 순간이 소중한 꽃입니다.

【 꽃 시장에서는 이렇게 】

시장에서 양귀비를 구입할 때는 꽃대에 힘이 있고 몽우리 상태인 꽃을 고르는 것이 좋습니다.

【사용한 재료】양귀비

01

02

01 화기를 준비합니다.
　　tip 양귀비는 대가 가늘고 여리여리한 느낌이기 때문에 많은 양을 사용할 것이 아니라면 크기가 작고 입구가 좁은 화병을 추천합니다.

02 메인이 될 꽃을 화병의 1/2 정도 길이만큼 위로 올라가도록 꽂습니다.
　　tip 여기서는 완성된 작품을 보여 주기 위해 어느 정도 핀 꽃을 사용했지만, 집에서는 몽우리 상태인 꽃을 사용하는 것이 좋습니다.

03   2번 과정의 꽃보다 길이가 조금 더 긴 꽃을 꽂습니다.

04   화병 입구와 꽃 사이의 공간을 채우고 입체감을 주기 위해 앞쪽으로 기울어지는 꽃을 꽂습니다.

Clematis

클레마티스 テッセン、鉄線

클레마티스는 색감과 화형이 매우 다양하며 꽃잎과 술, 잎까지 모두 조화롭게 아름다운 꽃입니다. 우리나라에서는 화분으로 많이 키우는 종류 중 하나이기도 합니다. 계절과 어울리는 색감을 골라도 좋고, 화기에 맞는 화형과 색감을 골라서 사용해도 좋습니다. 취향에 따라 선택해 보세요. 시들 때는 꽃잎이 한 장씩 떨어지는데, 이 모습마저 아름다운 광경이 되는 꽃입니다.

【 꽃 시장에서는 이렇게 】

클레마티스는 시장에서 사계절 내내 볼 수 있습니다. 오래 보고 싶다면 구매할 때 만개한 것보다는 살짝 오므라진 꽃이나 몽우리 상태인 꽃을 구입하는 게 좋습니다. 클레마티스는 꽃대가 얇고 물 올림(물을 빨아들이는 힘)이 약하기 때문에 시원한 곳에 두는 것이 좋습니다. 또한, 줄기를 자를 때는 물속에서 잘라 바로 병이나 침봉에 꽂는 것이 좋습니다.

• 보랏빛 클레마티스　　　　【사용한 재료】클레마티스

01　화기를 준비합니다. 이 예시의 경우 원래의 용도는 화기가 아니지만, 침봉이나 별다른 보조 도구 없이 꽃을 꽂기 좋아서 화기로 사용했습니다.
　　tip 화기를 고를 때는 다양한 용도의 도자기나 유리그릇에도 꽃을 꽂아 보면 좋습니다.

02　메인이 되는 클레마티스를 골라서 꽂습니다.

03　화기의 입구가 꽃으로 적당히 가려지도록, 다른 가지를 앞으로 기울여서 꽂습니다.

• 자줏빛 클레마티스

【사용한 재료】 클레마티스

01 화기를 준비합니다.

02 얼굴이 가장 예쁘게 핀 클레마티스 한 대를 골라 꽂습니다.

03 2번 과정에서 꽂은 클레마티스보다 꽃이 덜 피고 몽우리가 함께 있는 것을 골라서 뒤쪽에 꽂습니다.

04 완성한 모습입니다.

Allium

알리움 アリウム

알리움은 백합과 식물로, 각 종마다 이름이 있지만 꽃 시장에서는 통상적으로 '알리움' 혹은 '알륨'이라고 부릅니다. 요즘은 색감과 선이 다양한 알리움이 수입되어 들어오기 때문에 선택의 폭이 조금은 넓어졌지만, 시장에서 항상 볼 수 있는 것이 아니므로 눈에 보일 때 구매하는 것이 좋습니다.

알리움은 특유의 곡선이 있어 이 점을 활용한 작품을 만드는 것이 좋습니다. 알리움의 선을 최대한 잘 보이도록 해서 즐기는 것을 추천합니다. 하나만 꽂아 놓더라도 알리움 특유의 아름다운 선을 감상할 수 있으며, 여러 대를 사용하여 선을 극대화하는 것도 좋은 방법입니다.

• 블루퍼퓸웨이브

【사용한 재료】블루퍼퓸웨이브

01 화기와 침봉을 준비합니다.

02 메인이 되는 알리움을 골라 꽂습니다.
    tip 곡선이 최대한 자연스럽게 이어지고 얼굴이 찌그러지지 않은 것으로 고릅니다.

03 보조 가지를 골라서 조금 더 짧게 꽂습니다.
    tip 한 곳에서 동시에 나오는 듯한 느낌을 주도록 꽂아야 깔끔합니다.

04 위로만 향하는 느낌이 들지 않도록 짧은 가지를 각도를 눕혀서 꽂습니다.

05

05 2, 3번 과정과는 다른 얼굴을 가진 가지를 골라 앞쪽에 꽂습니다.
　tip 가지가 꽂힌 부분이 가려지도록 맞춰서 꽂아 줍니다.

• 스네이크

【사용한 재료】 스네이크, 데크노

01 화기와 침봉을 준비합니다.

02 메인이 되는 스네이크를 골라서 꽂습니다.

03 선이 예쁜 스네이크를 골라 2번 과정보다 길이를 짧게, 옆으로 향하도록 꽂습니다.

04 2번과 3번 과정에서 꽂은 스네이크 사이에 짧은 스네이크를 꽂습니다.

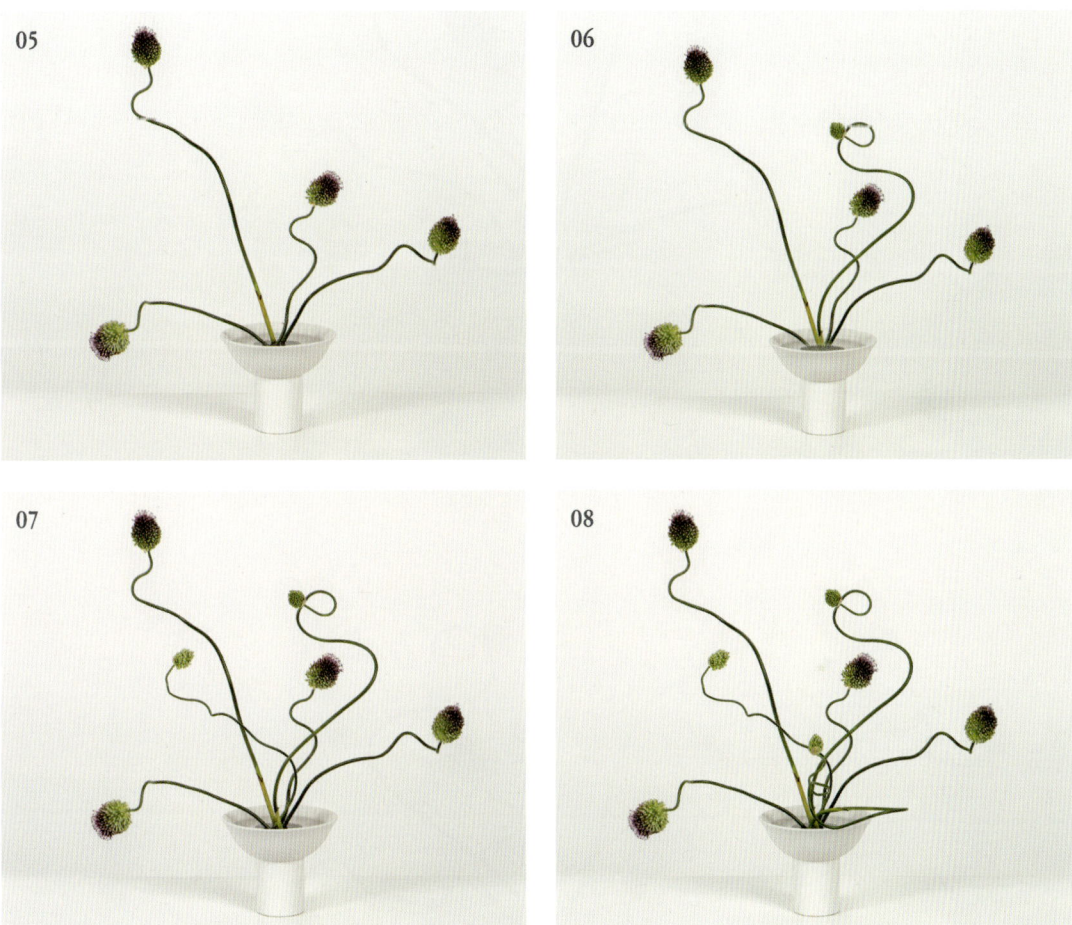

05 무게 밸런스가 맞도록 3번 과정과는 다른 방향으로 새로운 스네이크를 꽂습니다.

06 곡선이 좀 더 다이나믹한 데크노를 스네이크와 교차하도록 꽂아 줍니다.

07 스네이크와 교차되도록 데크노의 길이를 다양하게 꽂아 나갑니다.

08 소재가 위나 옆으로만 향하면 입체감이 살아나지 않기 때문에, 앞쪽으로도 향하도록 고르게 꽂습니다.

09 입체감을 더 살리기 위해 뒤쪽으로 향하는 데크노도 꽂습니다.

10 가운데가 비어 보이지 않도록 무게감이 있는 스네이크를 꽂습니다.

11

11 멀리서 전체적인 구도를 바라보고, 마지막으로 데크노를 꽂아 밸런스를 맞춥니다.

Rose

장미 バラ

장미는 일반적으로 5~6월에 개화하므로 봄에서 여름으로 넘어가는 시기에 피는 계절 사이의 꽃입니다. 남녀노소를 불문하고 모두가 좋아하는 꽃 중 하나로, 종류가 몇만 가지에 이를 정도로 많습니다. 국산뿐 아니라 수입산도 종류가 많기 때문에 사계절 내내 다양한 색감과 화형을 가진 장미를 사용할 수 있습니다. 장미를 다듬을 때는 가시를 가위로 제거하는 것이 좋고, 잎은 사용할 길이까지는 살려 두는 것이 좋습니다. 어레인지 할 때 잎도 함께 사용하는 것이 자연의 분위기를 좀 더 담아낼 수 있는 방법입니다.

【꽃 시장에서는 이렇게】

시장에서는 365일 내내 장미를 볼 수 있고, 가격은 종류에 따라 천차만별입니다. 장미를 구매할 때는 꽃 얼굴의 겉잎을 떼어내지 않고, 잎의 색이 선명하고 싱싱한 것을 고르는 게 좋습니다. 또한, 얼굴이 너무 많이 피어 있는 것보다는 조금 단단한 상태로 오므려져 있는 것을 구매해야 합니다.

【사용한 재료】 장미, 스프레이 장미, 보리사초

01 화병을 준비합니다.

02 여러 가지 장미를 믹스해서 사용할 때는 얼굴이 큰 장미부터 꽂는 것이 좋습니다.
   tip 화병 안으로 들어가는 잎은 모두 깨끗이 제거하고, 그 위로는 살리는 것이 좋습니다.

03 스프레이 장미를 얼굴이 큰 장미보다 짧게 잘라 각도를 낮춰 꽂습니다.
   tip 화병 입구가 보이지 않게 가려 주는 것이 좋습니다.

04 포인트로 사용할 보리사초를 위로 길게, 살짝 옆으로 빠지도록 넣습니다.

05 꽃과 연결되도록 짧은 보리사초를 하나 더 넣어서 마무리합니다.

Peony

작약 シャクヤク、芍藥

봄의 끝자락부터 여름까지 만날 수 있는 작약은 5월의 여왕 혹은 꽃의 여왕이라고도 불립니다. 많은 사람이 좋아하는 꽃 중 하나로 존재감이 독보적입니다. 색상과 화형이 다양하며 종류에 따라 향과 분위기도 모두 달라, 작약 시즌에는 여러 가지 종류의 작약을 즐길 수 있습니다. 몽우리부터 만개하기까지의 과정도 아름답지만, 특히 꽃이 시들어 가는 과정마저 아름다운 꽃이기도 합니다. 꽃잎이 한 장씩 떨어지는 마지막 순간까지 작약의 여운을 느껴 보시길 바랍니다.

【 꽃 시장에서는 이렇게 】

시장에서는 아직 추운 계절인 3월부터도 볼 수 있지만, 가격대가 높기에 4월 말부터 구매하는 것이 좋습니다. 여러 단을 구매해 큰 화병에 풍성하게 꽂는 것도 좋지만, 심플하게 한 송이를 꽂아 집중하는 것도 추천합니다. 한 송이씩 꽂아 놓을 때는 포인트가 되는 화기를 사용하면 더욱 좋습니다.

【사용한 재료】작약

01 화기를 세팅합니다.

02 화기의 깊이에 맞게 꽃을 잘라 무심한 듯 꽂습니다.
  tip 화기에서 꽃이 너무 많이 올라오지 않도록 해야 잘 어우러집니다.

따사롭고 싱그러운
초록이 맺히는

여름

夏

Cornus kousa

산딸나무 ヤマボウシ、山法師

산딸나무는 5월 하순부터 6월 상순경에 피어나는 흰 꽃이 아름다운 소재입니다. 특히 십자 모양으로 생긴 꽃잎이 청아한 분위기를 자아냅니다. 한 대만 꽂아 놓아도 풍성한 꽃잎으로 충분한 존재감을 나타낼 수 있습니다. 꽃이 지고 난 후 가을에 빨간 열매가 열리는데, 이 열매의 모양이 산딸기를 닮았다고 해서 '산딸나무'라는 이름이 생겼습니다.

【꽃 시장에서는 이렇게】

시장에서는 여름에 볼 수 있지만, 만날 수 있는 기간이 짧습니다. 절지된 산딸나무는 아쉽게도 물이 조금 빨리 내리는 편이기에 짧은 기간밖에 즐길 수 없지만, 그만큼 독보적인 분위기를 가진 소재이기도 합니다. 여기서 보여드리는 예시 작품처럼 짧게 잘라서 써도 좋고, 시장에서 판매하는 그대로의 큰 나무를 화기에 툭 꽂아 두어도 좋습니다.

【사용한 재료】산딸나무
※바구니에는 물을 담아 꽃을 꽂을 수 없기 때문에 플라스틱 원통을 사용합니다.
통에 물을 담고 그 안에 꽃을 꽂습니다.

01 화기와 침봉을 세팅합니다.

02 끝이 날카로운 가지를 선택하여 가로로 꽂습니다.
   tip 가지의 길이는 자유롭게 해도 상관없으나, 화기의 가로세로를 더한 길이 정도가 적당합니다. 단, 가로세로를 더한 길이의 2배 이상은 넘지 않는 것이 좋습니다.

03 꽃이 잘 보이는 가지를 골라 앞으로 나오도록 꽂습니다.
   tip 화기 입구로부터 너무 떨어지지 않도록 기울이는 것이 포인트입니다.

04 선이 보이는 가지를 골라 위로 올라가도록 꽂습니다.

05 비어 있는 곳이나 조금 더 채워야 할 부분에 가지를 짧게 넣고 마무리합니다.

Oldham blueberry

정금나무 ナツハゼ、夏櫨

정금나무는 진달래과의 낙엽관목으로 2~3m 높이로 자랍니다. 정금나무는 어린잎의 끝이 살짝 붉은빛으로 도는데, 이것이 바로 포인트입니다. 시간이 지날수록 햇빛을 많이 받은 잎은 붉게 변하고, 꽃과 열매가 달리는 모습을 볼 수 있습니다. 하지만 시장에서는 꽃과 열매가 달리기 전에 절지하거나, 꽃과 열매를 제거하고 유통되는 경우가 대부분이기에 열매를 보기는 어렵습니다.

이케바나에서 중요한 소재 중 하나로, 붉은빛의 잎을 사용하여 계절감을 나타내는 효과가 있습니다. 주로 여름의 계절감을 표현하기 위해 많이 사용하지만, 붉은빛의 잎이 단풍이 든 것처럼 보여 시원한 느낌을 주기도 합니다.

【꽃 시장에서는 이렇게】
시장에서 구매할 때는 잎에 물이 잘 올라 힘이 있고, 가지가 입체적으로 난 것을 고르는 게 좋습니다.

【사용한 재료】정금나무

01 정금나무와 잘 어울리는 화기나 바구니를 골라 준비합니다.

02 붉은빛의 잎이 잘 보이는 가지를 골라서 꽂습니다.
   tip 사진과 같은 바구니를 사용할 때는 가지의 길이가 바구니의 길이를 많이 벗어나지 않는 것이 좋습니다.
   다른 방향으로 뻗어 나가는 가지가 자연스러울 때는 두 가지 모두 살려서 사용해도 좋습니다.

03 짧은 가지들을 넣어 양쪽으로 뻗어 나가는 가지 사이를 채워 줍니다.

04 정금나무의 열매를 잘 보이도록 꽂습니다.

05

05 열매가 기존에 꽂혀 있던 잎들과 떨어져 보이지 않도록 사이사이에 연결되는 잎을 넣습니다.

Montbretia

애기범부채 クロコスミア

주황빛의 꽃이 달린 이 소재는 흔히 '이끼시아'라고 부르지만, 정식 명칭은 애기범부채 혹은 크로커스미아입니다. 붓꽃과의 소재로 주황빛의 꽃은 7월에서 9월 사이에 핍니다. 꽃이 달린 부분이 하늘거려서 우아한 분위기를 내며, 많은 양을 화병에 무심하게 꽂아도 보기 좋은 소재입니다.

【꽃 시장에서는 이렇게】

시장에서는 여름에 흔하게 볼 수 있는 소재로, 꽤 긴 기간 동안 나오기 때문에 자주 구매할 수 있습니다. 몽우리인 경우에는 말라 있지 않은지 잘 체크하고 구매해야 합니다. 또한, 너무 만개한 것보다는 한 대에 한두 송이 정도만 피어 있는 것을 사는 게 좋습니다. 이케바나에서는 잎도 중요하기 때문에, 잎이 상하지 않고 건강한 상태인 것을 골라야 합니다.

【사용한 재료】 애기범부채

01

02

03

04

01 화기와 침봉을 세팅합니다.
   tip 여기서는 심플하게 꽃을 꽂은 후 잎을 꽂는 방법을 보여드리기 위해 작은 화기를 선택했습니다.

02 마음에 드는 선을 가진 가지를 골라 꽂습니다.
   tip 화기와의 비율이 중요합니다. 위로 세우는 디자인을 선택했을 때는 화기의 가로세로를 더한 높이의 2배를 넘지 않는 것이 좋습니다.

03 가지의 길이에 맞게 잎을 잘라 자연스럽게 꽂습니다.
   tip 잎과 꽃이 달린 가지가 같은 곳에서 나오는 것처럼 보이도록 모아서 꽂습니다. 마치 원래 붙어 있던 잎처럼 보이도록 합니다.

04 만약 꽃이 달린 가지의 선이 아쉽다면, 앞쪽에 잎을 추가로 넣어 가려 줍니다.

05 또 다른 잎을 기존에 꽂혀 있는 잎들의 길이와 다르게 잘라서 꽂습니다.

Korean rosebay

진달래잎 カラムラサキツツジ、唐紫躑躅

봄에 핀 진달래에서 꽃이 다 지고 나면, 여름에는 꽃 없이 잎만 달린 진달래잎이 꽃 시장에 나옵니다. 얇은 가지에 별 모양처럼 난 잎들이 쪼르르 달려 있어 여름을 잘 보여 주는 소재입니다. 가지가 가늘어 이케바나는 물론 다양한 용도로 사용하기 좋습니다. 건조한 편이라 마시지하거나 부러뜨려 선을 만드는 것은 쉽지 않지만, 자체적으로 어느 정도 각을 가지고 있어 사용하기 좋습니다. 초록의 느낌을 좋아하는 분이라면 진달래잎의 매력을 충분히 느낄 수 있을 것입니다.

【꽃 시장에서는 이렇게】
시장에서는 여름에 흔히 볼 수 있고 가격도 부담스럽지 않습니다. 구매할 때는 다방면으로 잎이 잘 나 있고 깨끗한 것을 고르면 됩니다.

【사용한 재료】진달래잎

01

01 잎이 고르고 예쁘게 잘 달린 가지를 골라 병에 꽂습니다.

02

02 병의 입구가 허전하게 보이지 않도록 짧은 가지 하나를 앞으로 기울여 꽂습니다.
   tip 초록색 소재만 사용할 경우에는 화기가 깨끗한 것이 좋고, 소재의 특성이 잘 보이도록 심플하게 꽂는 것이 매력을 극대화하는 방법입니다.

Iris

붓꽃 アヤメ、菖蒲

여름의 대표적인 꽃인 붓꽃은 20~60cm 정도의 길이로 자라며, 꽃봉오리가 붓을 닮았다고 하여 붓꽃이라 불리게 되었습니다. 붓꽃과에 속한 많은 종류의 꽃들이 있지만 우리나라에서 흔하게 볼 수 있는 것은 아이리스와 창포 붓꽃입니다.

이케바나에서는 잎을 중요한 요소로 여기고, 잎으로 세밀한 계절감을 나타내기도 합니다. 붓꽃은 꽃잎이 아름답지만 특히 잎도 우아하기 때문에, 잎을 꼭 함께 꽂는 것을 추천합니다.

【꽃 시장에서는 이렇게】

시장에서 주로 볼 수 있는 것은 대부분 아이리스이고, 창포 붓꽃은 1~2주 정도의 기간에만 소량으로 나옵니다. 아이리스는 거의 사계절 내내 볼 수 있으며, 입을 꼭 다문 봉오리부터 만개한 순간까지 우아한 자태를 보여 줍니다. 물에 꽂아 놓으면 잘 피기 때문에 시장에서 구매할 때는 몽우리 상태의 꽃을 고르는 것이 좋습니다.

• 쪽빛 붓꽃

【사용한 재료】쪽빛 붓꽃, 잎

01 화기를 세팅합니다.
    tip 붓꽃이 가진 분위기 자체가 우아하고 아름답기 때문에 너무 화려한 화기보다는 심플하거나 바구니 같은 소재의 화병을 사용하는 것이 좋습니다.

02 메인이 되는 꽃 한 송이를 꽂습니다.

03 깨끗한 잎을 자연스럽게 넣어 자리를 잡습니다.

04 꽃대가 휑하게 보이지 않도록 잎을 더 넣어 가려 줍니다.

05

06

07

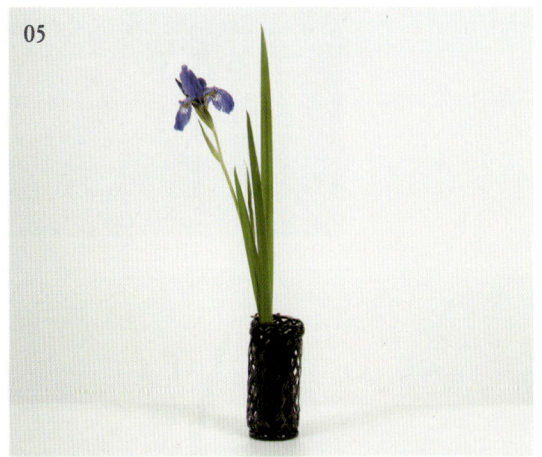

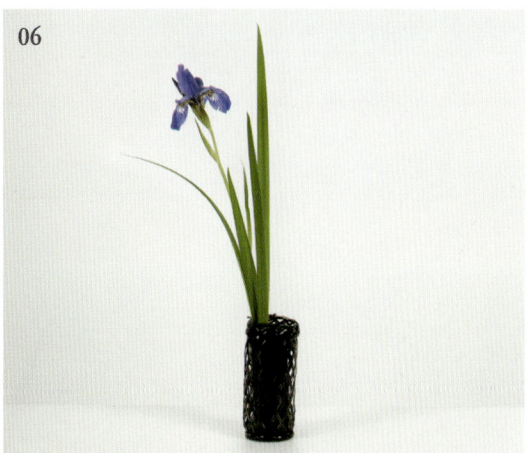

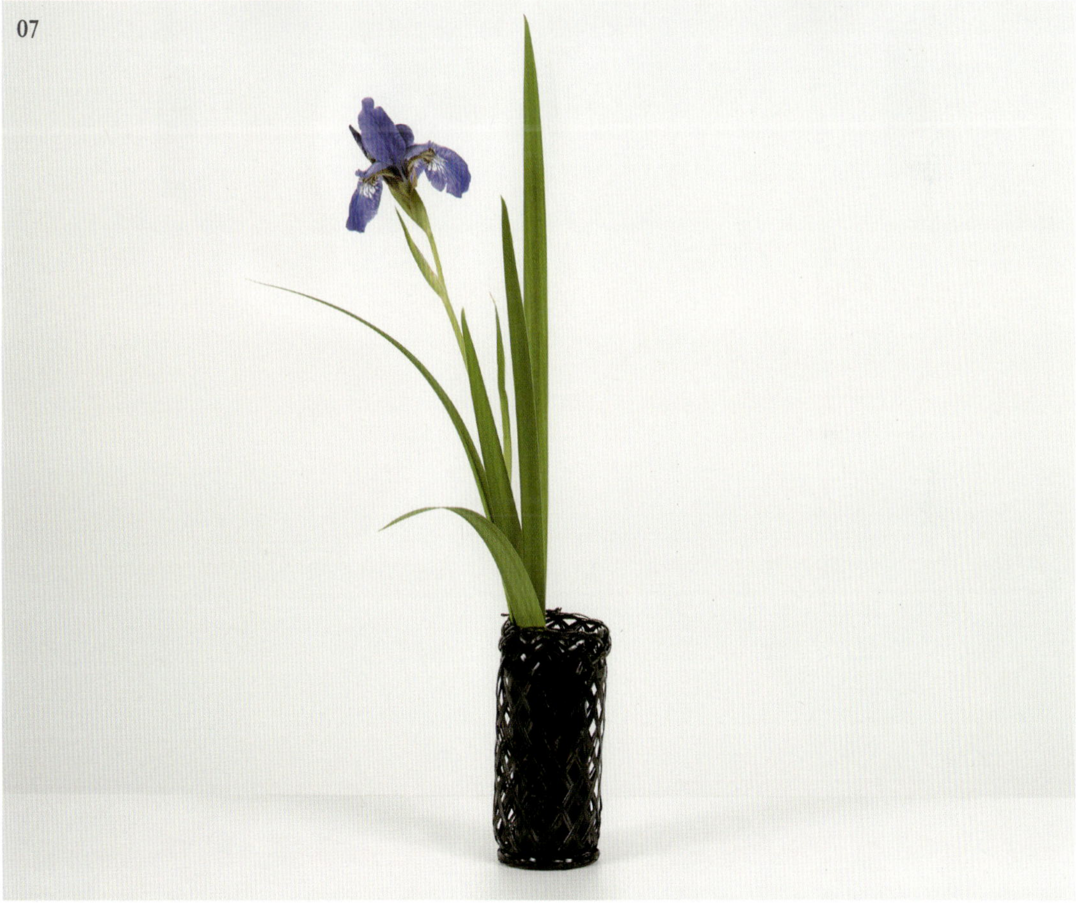

05 잎의 우아함을 잘 보여 주기 위해서 긴 잎도 한 장 넣습니다.

06 잎의 앞면만 보이면 인위적인 느낌이 나므로 옆면을 보여 주는 잎을 더 넣습니다.

tip 옆 선을 보여 주는 잎을 넣을 때는 잎을 살짝 만져 선을 만들어 주는 것이 좋습니다.

07 입체감이 살아나도록 앞쪽으로 나오는 잎을 더해 마무리합니다.

• 노란 붓꽃

【사용한 재료】노란 붓꽃, 잎

01 화기를 준비합니다.

02 마음에 드는 꽃을 골라 화기의 비율에 맞게 꽂습니다. 꽃의 길이는 화기의 가로세로를 더한 길이의 1~1.5배 정도가 좋습니다.

03 깨끗한 잎을 골라 2번 과정의 꽃대와 한 곳에서 함께 나오듯 꽂습니다.

04 꽃대가 조금 가려지도록 짧은 잎을 하나 넣습니다.

05 지금까지 앞면을 보여 주는 잎을 넣었다면, 이번에는 옆면으로 선을 보여 주는 잎을 넣습니다.
　　tip 선을 보여 주는 잎을 넣을 때는 손으로 만져 선을 만들어 주는 것이 포인트입니다.

06 뒤쪽 방향으로도 잎을 꽂으면 입체감이 살아납니다.

07 선을 보여 주는 잎과 면을 보여 주는 잎 사이에 어색한 공간이 보이지 않도록 연결되는 잎을 넣습니다.

08 앞쪽으로 나오는 잎도 한 장 넣습니다.
　　tip 입체감과 더불어 연결의 흐름을 만드는 역할을 합니다.

tip 수반에 꽃을 때도 마찬가지로 꽃대와 잎을 함께 넣어 입체적으로 완성합니다. 꽃대와 잎이 꽂힌 지점이 보이면 예쁘지 않으므로 편백을 깔아 땅을 표현합니다.

• 저먼아이리스

【사용한 재료】 저먼아이리스, 잎

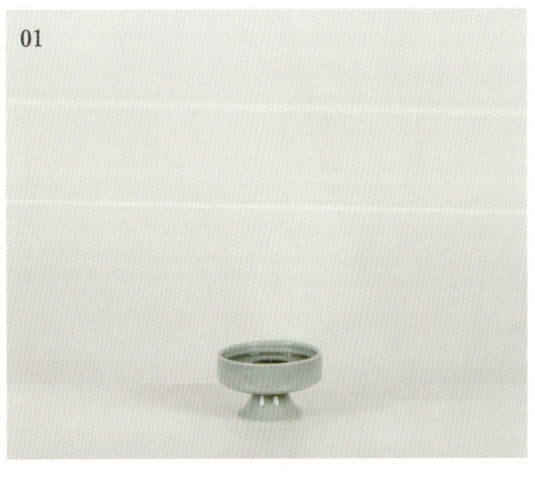

01 화기를 준비합니다.
    tip 아이리스 색감에 따라 어울리는 화기를 선택합니다.

02 메인이 되는 기다란 저먼아이리스를 꽂습니다.
    tip 가운데에서 수직으로 올라가기보다는 살짝 기울여서 꽂아야 부드럽게 보입니다.

03 깨끗한 잎을 고른 다음 살짝 선을 만져 꽂습니다.

04 반대편 방향으로 나가는 잎도 꽂습니다.

05 침봉이 보이면 예쁘지 않으므로 침봉을 가려 줄 짧은 한 송이를 꽂습니다.

06 5번 과정의 짧은 꽃에 어울리는 잎을 잘라서 꽂습니다.

07 좌우가 대칭이 되지 않도록 반대편에 조금 더 긴 잎을 꽂습니다.

Mountain hydrangea

산수국 ヤマアジサイ

여름의 대표적인 꽃으로 손꼽히는 것 중 하나가 바로 수국입니다. 6~7월이 되면 만개한 수국을 배경으로 찍은 사진을 주변에서 많이 만나볼 수 있습니다. 수국을 보러 일부러 제주도에 가는 여행객들도 많습니다. 이렇게 수국은 우리에게 친숙하고 인기가 좋은 꽃입니다. 요즘에는 관상용으로도 많이 개량하기 때문에 종류도 매우 다양합니다. 꽃 시장에서도 다양한 색상과 종류의 수국을 볼 수 있으며, 여름 꽃이지만 거의 사계절 내내 구입할 수 있습니다.

여기 소개하는 수국은 '산수국'으로, 꽃의 외곽 부분은 무성화이고 안쪽 부분이 진짜 꽃입니다. 우리가 흔히 아는 수국과는 조금 다른 모습을 가지고 있는데, 꽃의 얼굴이 너무 크지 않고 적당해서 사용하기에 부담이 없습니다. 얼굴이 크고 풍성한 수국도 좋지만, 색다르게 산수국을 이용해 장식하는 것도 여름과 무척 잘 어울리는 조합입니다.

선을 보여 주는 꽃은 아니기에 길게 사용하기보다는 짧게 사용하여 얼굴을 감상하도록 어레인지하는 것이 좋습니다.

【꽃 시장에서는 이렇게】

수국은 물 올림이 좋지 않으므로 신경을 써야 합니다. 시장에서는 물 올림이 잘 된 상태의 얼굴이 짱짱한 꽃을 사는 것이 좋고, 한 대씩 판매하기 때문에 다양한 색상을 구매하기 좋습니다. 반면, 소재집에서 판매하는 수국들은 단 단위로 판매하며 길이감이 좋습니다. 목적에 맞게 알맞은 수국을 구매해서 사용하면 됩니다.

【사용한 재료】 산수국, 보리사초

01 화기를 준비합니다.
   tip 계절에 맞게 어두운 화기보다는 밝거나 시원해 보이는 화기를 고르는 것이 좋습니다.

02 수국 한 대를 잘라 얼굴이 병 입구에 닿도록 꽂습니다.

03

03 포인트로 보리사초 하나를 길게 꽂습니다.
  tip 위로 길게 꽂을 때는 끝이 가벼운 것이 좋습니다.

Orchid

난잎 ラン、蘭

난잎은 꽃꽂이에 흔히 사용하지는 않지만, 이케바나에서는 중요도가 크고 표현하기 좋은 소재입니다. 특히 선을 표현하기에 적합한 소재로, 침봉에 난잎을 하나씩 꽂으며 선과 여백을 그려 나갈 수 있습니다.

난잎을 침봉에 꽂는 것은 난도가 높은 편이라 초보자가 하기에 쉽지 않지만, 그래도 한번 도전해 보는 것을 추천합니다. 기존의 꽃과 나무로 구성한 작품들과는 또 다른 매력을 느끼실 수 있습니다.

【꽃 시장에서는 이렇게】

시장에서는 여름에 만날 수 있지만 항상 나오는 것은 아니기 때문에 눈에 보일 때 구입해서 사용해 보는 것이 좋습니다. 끝이 말라 있지 않고 힘이 있는 것으로 구매하면 됩니다.

【사용한 재료】 난잎

01 화기를 준비합니다.
　　tip 난잎을 사용할 때는 난잎의 선이 잘 보여야 하므로 화기는 낮고 심플한 것이 좋습니다.

02 메인이 되는 난잎을 골라 선을 만져서 꽂습니다.

03 2번 과정의 난잎과 같은 곳에서 나온 것처럼 보이도록 짧은 난잎을 하나 꽂습니다.

04 위로만 올라가도록 꽂으면 아래 공간이 비게 되므로 각도를 낮춰 옆으로 가는 난잎을 하나 꽂습니다.

05 반대편으로도 낮은 각도의 난잎을 하나 꽂습니다.

06 입체감이 살아나도록 앞으로 나오는 난잎도 꽂습니다.

07 비어서 허전한 부분에 난잎을 하나 더 꽂아서 마무리합니다.

Chocolatevine

으름덩굴 アケビ、木通

으름덩굴은 특유의 선과 귀여운 잎이 특징인 여름 소재입니다. 덩굴이라는 이름에 맞게 구불구불한 선이 인상적이고, 5개 혹은 그 이상으로 달린 타원형의 잎이 아주 매력적입니다. 특유의 선이 있기 때문에 이케바나에서 사용하기 좋은 소재로, 짧게 사용하기보다는 길이감을 가지고 활용하는 것이 좋습니다. 자체적인 매력이 있는 소재이므로 얼굴이 너무 큰 꽃보다는 적당한 크기의 얼굴을 가진 꽃과 함께 사용하는 것이 좋습니다.

【 꽃 시장에서는 이렇게 】
시장에서는 여름 시즌에 소재집에서 구입할 수 있습니다. 잎이 구겨지지 않은 것을 고르고, 자신이 사용할 용도에 맞게 가지의 굵기를 고려하여 구매하는 것이 좋습니다.

【사용한 재료】 으름덩굴, 장미

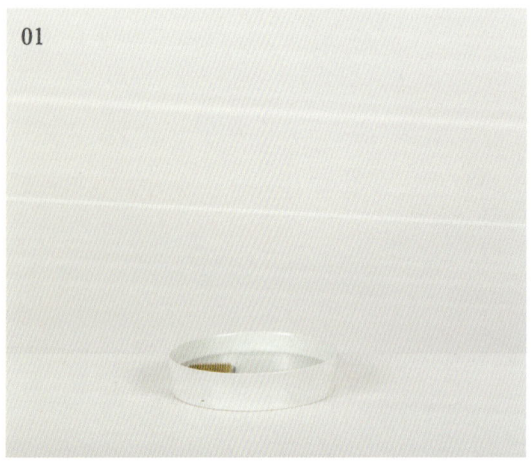

01 화기와 침봉을 준비합니다.

02 메인이 되는 으름덩굴을 선정하여, 화기의 가로세로를 더한 길이의 1~1.5배 정도의 길이로 기울여 꽂습니다.
 tip 지저분한 잎이나 여러 장이 겹치는 잎은 미리 솎아 냅니다.

03 중심이 될 꽃을 앞으로 기울여서 꽂습니다. 꽃의 길이는 2번 과정 으름덩굴 길이의 1/2~1/3 정도가 적당합니다.
 tip 꽃의 잎도 함께 살려 꽂습니다.

04 완성도를 높이기 위해 또 다른 선의 으름덩굴을 넣습니다. 먼저 넣은 으름덩굴과 겹치지 않는 방향으로 나가는 것이 좋습니다.

05

05 침봉이 보이지 않도록 또 다른 으름덩굴을 짧게 잘라 각도를 낮춰 꽂습니다.

Blackberry lily

범부채 ヒオウギ、檜扇

범부채는 7월부터 8월 사이에 개화하며 한 대에서 여러 송이의 꽃이 핍니다. 잎은 양쪽으로 나오면서 끝이 뾰족한 부채살 모양으로 자랍니다. 말려 있는 꽃잎이 조금씩 펴지며 만개하는 것을 보는 재미도 있습니다. 알고 보면 우리 주변에서도 흔하게 볼 수 있는 소재입니다. 색감이 다양한 것도 있으나 가장 많이 볼 수 있는 것은 진한 주홍빛의 꽃을 가진 범부채입니다.

생각보다 무게가 나가고, 잎이 양옆으로 퍼져 있어 대량으로 어레인지하기는 쉽지 않습니다. 범부채는 잎을 살려서 꽂는 것이 포인트이며, 마사지하여 선을 많이 만들기보다는 있는 그대로 쭉 뻗도록 사용하는 것이 좋습니다.

【꽃 시장에서는 이렇게】

시장에서 구매할 때는 꽃봉오리가 마르지 않고, 잎이 상하지 않았으며 쭉 뻗은 것을 고르는 게 좋습니다. 범부채가 나오는 시즌에는 한 대에 다양한 색감을 가진 범부채도 잠깐 나오는데, 이 또한 재미있는 소재이므로 눈여겨보면 좋습니다.

【사용한 재료】 범부채

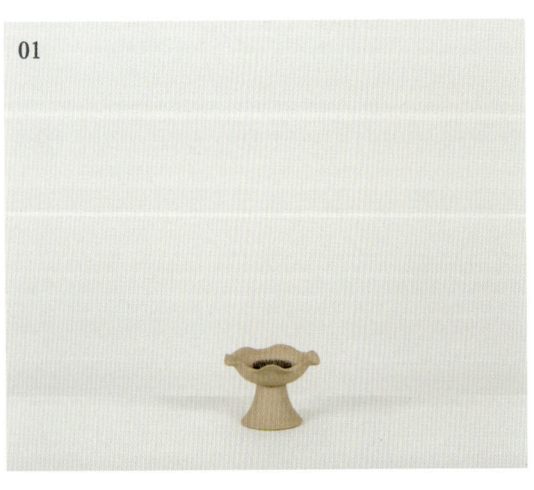

01 화기와 침봉을 준비합니다.

02 메인이 되는 가지를 골라 화기의 가로세로를 더한 높이의 2배 정도로 자르고, 침봉 가운데 뒤쪽에 자리를 잡아 꽂습니다.
    tip 길이가 길기 때문에 선에 좀 더 신중하여 고릅니다.

03 2번 과정의 가지에 어울리도록 잎을 넣습니다.

04 반대편에도 길이를 다르게 한 잎을 넣습니다.

05 가운데가 너무 벌어져서 어색해 보이지 않도록 짧은 잎을 넣습니다.

06 꽃이 많이 달린 가지를 골라 기존 가지의 1/2 정도의 길이로 잘라서 꽂습니다.
 tip 모든 소재가 한 점에서 나오는 것처럼 보이도록 모아서 꽂습니다.

07 6번 과정의 가지와 어울리도록 잎을 넣습니다.

08 앞서 넣은 잎들과 길이가 겹치지 않도록 또 다른 길이의 잎을 넣습니다.

09 색감이 다른 꽃의 가지를 짧게 잘라 꽂습니다.
   tip 앞으로 살짝 기울여서 꽂으면 입체감이 좀 더 살아납니다.

10 9번 과정의 가지와 어울리도록 길이를 맞춰 잎을 넣습니다.

11

12

11 잎이 앞으로도 나오도록 짧게 꽂습니다.

12 완성한 후 옆에서 침봉을 바라봤을 때, 모든 소재가 일렬로 꽂혀 있는 것이 좋습니다.

Lotus

연 ハス、蓮

이케바나에서 중요한 소재 중 하나인 연은 연못에서 자라는 수생식물로, 꽃은 7~8월에 피며 분홍색 혹은 흰색입니다. 연꽃은 물방울 모양의 몽우리일 때도, 만개했을 때도 무척 아름답습니다. 연잎은 표면이 물에 젖지 않는 특징이 있어서, 연잎 위에 물을 떨어뜨리면 물방울이 또르르 굴러다니는 것을 볼 수 있습니다. 우리나라에서는 연꽃을 불교의 상징적인 의미로 사용합니다. 진흙 속에서도 깨끗한 꽃을 피우는 연꽃의 모습을 속세에 물들지 않는 군자의 꽃으로 표현합니다.

연잎은 물에서 잘라 낸 순간부터 빠르게 물이 내리기 때문에 물 올림이 매우 중요한 소재로, 일반 소재와 다르게 별도의 물 올림 도구를 사용합니다. 물 올림이 좋지 않으므로 어레인지 상태로 오래 볼 수 없다는 단점이 있지만, 연잎과 연꽃 그 자체로도 굉장히 아름답기에 기회가 된다면 꼭 한번 다루어 보시길 바랍니다.

【 꽃 시장에서는 이렇게 】

연잎은 꽃 시장에서는 판매하지 않으며, 수생식물을 파는 곳이나 연을 취급하는 농장에서 구매할 수 있습니다. 반면, 연꽃과 연밥은 꽃 시장에서 절화로 구매할 수 있습니다.

• 기본 구도

【사용한 재료】 연잎, 연밥

01 화기를 준비합니다.

02 옆 선이 아름다운 연잎 한 장을 골라 길이감을 최대한 살려 꽂습니다.

03 잎 표면이 깨끗한 연잎을 짧게 잘라 입구가 가려지도록 각도를 낮춰 꽂습니다.

04 작은 연밥을 잎과 잎 사이에 꽂아 연결성과 포인트를 줍니다.

05 말려 있는 잎을 옆으로 휘어지게 꽂아 활용합니다.

• 응용 구도

【사용한 재료】 연잎, 무늬갈대, 연밥

01 화기와 침봉을 준비합니다.
   tip 연잎을 여러 장 넣는 디자인이므로 조금 큰 수반을 준비합니다.

02 표면이 깨끗한 연잎을 짧게 잘라 앞으로 기울여서 꽂습니다. 오른쪽 모서리가 비어 보이지 않도록 살짝 가려지게 꽂습니다.

03 옆 선이 예쁜 연잎을 골라 물을 가로지르듯이 꽂습니다.

04 2번 과정의 연잎 뒤에 오른쪽 방향을 바라보는 짧은 연잎을 하나 넣습니다.

05 연잎처럼 수생 식물인 무늬갈대를 길게 넣어 여름의 연못을 표현합니다.

06 연밥을 넣어 포인트를 줍니다.
   tip 연밥은 짧게 넣기보다는 길이감을 어느 정도 빼서 넣는 것이 좋습니다.

07 2번과 3번 과정의 연잎 사이에 연결성이 있도록 연잎을 하나 더 꽂습니다.

08 아래쪽이 너무 비어 보이지 않도록, 연잎을 더 꽂아 입체감을 줍니다.

09 잎이 잘 펴진 무늬갈대를 짧게 잘라 2번 과정의 연잎 뒤에 꽂습니다.

Goldenrain tree

모감주나무 モクゲンジ

모감주나무는 염주나무라고도 불리며 보통 7월에 개화합니다. 열매가 꽈리처럼 독특하게 생겼는데, 모양과 색감이 빈티지한 분위기를 자아냅니다. 꽃 시장에는 모감주나무 열매가 주로 나오며 처음에는 녹색이었다가 계절이 갈수록 붉어집니다. 드라이해서 사용하기에도 좋은 소재로, 흔하지 않아 포인트 장식으로 좋습니다.

【꽃 시장에서는 이렇게】
시장에는 보통 열매만 달려 있는 것이 나오므로, 열매가 깨끗한 것을 고르면 됩니다.

【사용한 재료】모감주나무

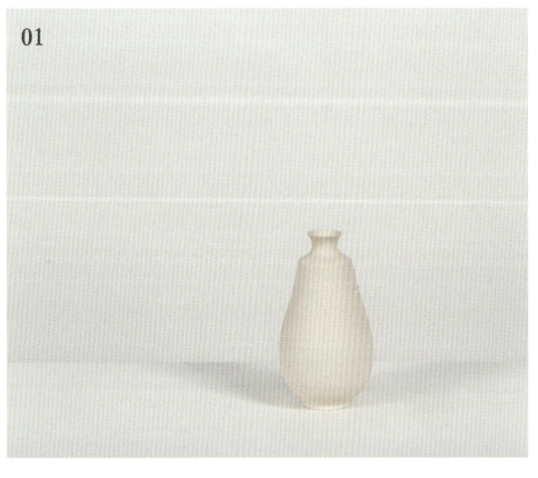

01 화기를 준비합니다.

02 가지의 길이가 화기의 높이만큼 밖으로 보이도록 기울여 넣습니다.

03 선이 얇은 가지를 골라 각도를 낮춰 옆으로 넣습니다.

04 화병 입구에 가지가 꽂힌 부분이 보이지 않도록, 짧은 가지를 넣어 열매가 정면으로 보이게 합니다.

05

05 가운데가 좀 더 풍성하도록 열매를 추가합니다.

Rubus coreanus

복분자 キイチゴ、木苺

복분자는 장미과의 관목으로 열매가 검붉은색을 띄고 있습니다. 산딸기와 생김새가 흡사하여 착각하기 쉽지만, 복분자는 처음에 붉은색이었다가 익을수록 점차 검붉은색으로 변합니다. 복분자 열매는 약용으로도 많이 사용하지만 이케바나에서 어레인지하기에도 좋은 소재로, 작은 화기에 간단하게 꽂으면 매력이 살아납니다.

【 꽃 시장에서는 이렇게 】

복분자는 시장에서 여름과 가을 사이에 잠시 나오는 소재입니다. 잎이 상하지 않고 열매가 너무 검붉게 익지 않은 것을 고르는 게 좋습니다.

【사용한 재료】복분자

01 화기와 침봉을 준비합니다.
   tip 얼굴이 무거운 열매를 메인으로 사용할 때는 작고 낮은 화기를 사용해도 좋고, 열매를 아래로 떨어뜨릴 수 있도록 높이가 있는 화병도 괜찮습니다.

02 열매가 예쁘고 풍성한 가지를 골라 옆을 바라보도록 짧게 꽂습니다.

03 잎이 예쁘고 건강한 가지를 짧게 잘라 가운데에 넣습니다.

04 잎이나 열매를 짧게 잘라 비어 있는 부분을 채워 줍니다.

Anthurium

안스리움 アンスリウム

안스리움은 6월에서 7월 사이에 개화하는 꽃이지만 꽃 시장에서는 사계절 내내 볼 수 있습니다. 열대 분위기가 물씬 나는 꽃으로, 다양한 색감을 가지고 있으며 유니크한 자태를 살려 모던하게 연출하기 좋습니다. 또한, 특유의 분위기 때문에 고급스러운 이미지를 만들기 좋아서 다양한 방면으로 활용됩니다.

금방 시들지 않아 더운 여름에 사용하기 좋은 꽃이기도 합니다. 얼굴에 상처가 나지 않도록 관리하면 꽤 오래 볼 수 있습니다.

【 꽃 시장에서는 이렇게 】

시장에서는 안스리움만 별도로 판매하는 가게도 있으며 한 대씩도 판매하기 때문에 필요한 만큼만 구매하기 좋습니다. 시장에서 구매할 때는 표면에 상처가 없고 중앙의 꽃차례가 깨끗하고 선명한 것으로 선택합니다.

안스리움은 잎도 꽃만큼 하트 모양으로 예쁘게 납니다. 잎은 꽃과 별도로 유통되기 때문에, 시장에서는 소재집에서 만날 수 있습니다.

【사용한 재료】 안스리움

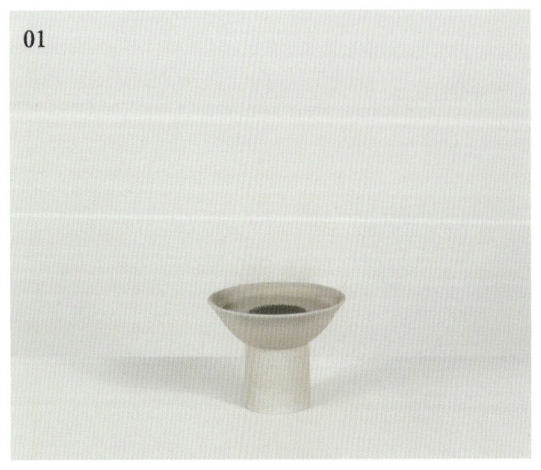

01 화기와 침봉을 준비합니다.

02 화기의 높이만한 길이로 가지를 잘라 꽃이 앞으로 기울어지도록 꽂습니다.

03 새 꽃의 얼굴 방향을 살짝 틀어 2번 과정 꽃의 얼굴 위로 오도록 꽂습니다.

04 침봉이 가려지도록 다른 색감의 꽃을 골라 낮게 꽂습니다.

05 새 꽃의 얼굴을 3번 과정의 꽃보다 더 높게 오도록 꽂습니다.

06 새 꽃을 골라 화기의 가로세로를 더한 높이보다 좀 더 여유로운 길이로 가장 높게 꽂습니다.
　　tip 가장 높이 꽂을 안스리움은 정면보다는 옆 선을 보여 주도록 꽂습니다.

07 무게 균형을 위해 살짝 옆으로 나가는 꽃을 꽂습니다.

08 입체감을 위해 뒤쪽으로 향하는 짧은 꽃도 꽂아 줍니다.

09 좌우 무게 균형을 위한 꽃을 꽂아 마무리합니다.

tip 안스리움 꽃만을 사용해서 어레인지할 때 중요한 포인트는 얼굴의 방향을 다양하게 사용하는 것입니다.

Ricinus

피마자 トウゴマ、唐胡麻

피마자는 '아주까리'라고도 불리는 소재로, 줄기 속이 비어 있으며 잎은 매우 크고 모양이 팔손이처럼 생겼습니다. 잎에 붉은빛이 도는 것이 포인트입니다. 이케바나에서는 피마자의 잎을 중요하게 생각하여 활용합니다. 자연 그대로를 표현하기 위해 잎을 뜯어내기도 하고, 줄기를 일부러 뭉개서 사용하기도 합니다. 물 올림이 좋은 편은 아니므로 중간중간 스프레이해 주는 것도 좋습니다.

【 꽃 시장에서는 이렇게 】
시장에서는 보통 소재집에서 구매할 수 있으며, 간혹 꽃을 판매하는 가게에서도 좋은 피마자를 구할 수 있습니다. 물이 잘 올라 잎에 힘이 있는 것으로 고르면 됩니다.

【사용한 재료】 피마자

01 화기와 침봉을 준비합니다.

02 선이 많이 두껍지 않고 잎이 가벼운 줄기를 골라, 화기의 가로세로를 더한 높이의 1~1.5배 정도로 잘라서 꽂습니다.

03 메인이 될 잎을 2번 과정의 1/3 정도 길이로 잘라 앞으로 기울여 꽂습니다.

04 3번 과정의 잎 뒤쪽에 작은 잎을 가진 가지를 옆으로 나가도록 꽂습니다.

05 피마자의 열매도 뒤쪽에 꽂아서 활용합니다.

06 자연스럽게 연결되는 흐름을 위해 작은 열매나 작은 잎을 사이에 꽂습니다.

07 좌우 균형감을 위해 비어 있는 부분을 또 다른 잎으로 채웁니다.

08 포인트 열매를 넣어서 마무리합니다.

붉고 풍요롭게
물들기 시작하는

가을

秋

Oriental bittersweet

노박덩굴 ツルウメモドキ、蔓梅擬

노박덩굴은 가을의 대표적인 소재 중 하나로, 구불구불한 선에 알알이 달린 열매가 매력적입니다. 9월이 지나 10~11월이 되면 껍질이 노란빛을 띠게 되고, 하루 이틀이 지나면 껍질이 열리며 속에 있는 붉은빛의 열매가 드러납니다. 무르익은 가을의 계절을 여실히 보여 주며 하나의 선만으로도 충분한 존재감을 나타냅니다.

【꽃 시장에서는 이렇게】

해마다 조금씩 차이가 있지만 보통 8월부터 보이기 시작합니다. 시장에 막 나왔을 때는 열매를 감싸고 있는 껍질이 옅은 카키색에 가까운 빛을 띠고 있습니다. 이 시기에는 열매 껍질이 보이는 채로 사용하는 것이 좋습니다. 같은 노박덩굴이지만 시기에 따라 다른 분위기를 낼 수 있으므로 이를 참고하여 장식해 보는 것을 추천합니다.

• 병 꽂이

01 소재와 어울리는 적절한 화기를 선택합니다. 노박덩굴을 화병에 꽂을 때는 아래로 떨어뜨리는 것이 좋습니다. 이때 낮은 화병보다는 어느 정도의 길이가 있는 화병이 좋고, 입구가 좁은 화병을 고르면 노박덩굴을 한두 대만 사용하더라도 충분합니다.

02 노박덩굴을 천천히 살펴본 후, 아래로 예쁘게 떨어지는 선을 찾아서 병에 꽂아 줍니다.

• 침봉 꽂이 【사용한 재료】 노박덩굴, 심비디움

01 생각한 디자인에 맞는 화기와 침봉을 선택합니다.

02 적절한 선의 가지를 선택하고 길이를 조절해 꽂아 줍니다.
　　tip 높이 올라가는 선은 머리가 무거워 보이지 않도록 열매를 솎아 주는 것이 중요합니다.

03 소재를 침봉에 꽂을 때는 한 점에서 모든 소재가 나오듯 꽂는 것이 좋습니다.

04

05

04 가지가 위로만 치솟지 않도록 아래쪽에도 선을 넣어 줍니다.
　　tip 아래쪽의 가지는 위쪽의 가지보다 열매가 많이 달려 있어도 괜찮습니다.

05 심비디움 꽃의 길이를 잘라서 넣어 줍니다.
　　tip 꽃의 얼굴이 너무 겹치지 않도록 한두 개 정도는 솎아 주는 것이 좋습니다.

06 메인이 되는 꽃은 앞으로 45도 정도 기울여 꽂습니다.

07 멀리서 바라본 후, 허전한 공간에 꽃이나 가지를 보충하여 마무리합니다.
tip 이 작품에서는 심비디움 꽃을 아래쪽에 추가했습니다.

Heavenly bamboo

남천 ナンテン、南天

남천 나무는 가을에 우리가 길에서 흔히 볼 수 있는 소재입니다. 사실 가을에 해당하는 소재라기보다는 사계절 내내 푸른 잎을 볼 수 있는 상록관목이지만, 붉게 물든 잎이 아름다워 꽃꽂이에서는 주로 가을에 많이 사용합니다.

남천 나무는 일반 꽃꽂이에 사용하기에는 부피가 큰 소재이므로 잎만 따로 잘라서 사용하기도 합니다. 이케바나에서는 잎만 별도로 사용하는 경우도 있지만, 나무 전체의 모습을 보여 주는 것이 더 좋습니다. 전체를 사용할 경우 크기가 많이 커지기 때문에 일반 가정에 둘 때는 크기에 대한 고려가 필요합니다. 여기서는 집안에서 작게 장식하기 좋은 이케바나 작품을 소개해 드리겠습니다.

함께 사용한 반다는 양란으로 화형이 화려한 꽃입니다. 포인트로 사용하기에도, 색감에 따라 계절감을 표현하기에도 좋지만 매우 화려하기 때문에 같이 사용할 소재나 꽃을 적절하게 고르는 것이 중요합니다. 한 줄기에 꽃이 여러 대 달려 있고 꽃이 크기 때문에 꽃잎의 탈수 현상이 빠르게 일어나므로, 수분이 손실되지 않도록 물 관리에 주의해야 합니다.

【 꽃 시장에서는 이렇게 】

남천을 구매할 때는 잎이 사방으로 잘 퍼진 것을 선택하는 것이 좋습니다. 가운데에 달린 빨간 열매도 매력 포인트이므로 열매가 깨끗하게 잘 달린 것을 고르면 됩니다. 반다는 꽃잎이 두껍고 처지지 않은 것을 구매하는 것이 좋습니다.

【사용한 재료】남천나무, 반다

01 화기와 침봉을 준비합니다. 남천의 붉은 색감과 대비되도록 어두운 화기를 고르면 조금 더 고급스러운 분위기를 낼 수 있습니다.

02 나무에 달린 잎이 예쁜 가지를 골라서 알맞은 길이로 잘라 가로로 꽂습니다.
  tip 잎이 너무 겹쳐 있거나 많아 보이는 경우에는 한두 대 정도 속아도 좋습니다.

03 반다를 너무 길지 않은 길이로 잘라 앞으로 45도 정도 기울어지게 꽂습니다.
  tip 같은 점에서 나오는 것처럼 보이도록 최대한 모든 대를 모아서 꽂는 것이 깔끔합니다.

04

04 멀리서 바라본 후, 세심한 각도를 조금씩 조정해 완성합니다.
   tip 비어 보이는 부분에는 남천 잎을 짧게 잘라 채우는 것도 좋습니다.

Baby rose

찔레 ノイバラ、野茨

찔레나무는 특유의 살짝 휘어진 선과 한 방향으로 뻗은 가지에 달린 붉은 열매가 매력적인 소재입니다. 붉게 물든 열매가 가을의 분위기와 잘 어우러집니다. 꽃 시장에서는 앞쪽으로 잘 내놓지 않기 때문에 눈에 띄지는 않지만, 가을에 한 대만 꽂아 두어도 계절의 분위기를 확연히 느낄 수 있습니다. 장미과에 속하는 낙엽관목으로 가시가 있으니 조심해서 다뤄야 하며, 침봉 꽂이보다 병 꽂이로 하는 것이 더 매력적입니다.

찔레와 함께 사용한 소국은 국화 종류 중 하나로 가을의 대표적인 꽃입니다. 이케바나에서는 가을에 소국뿐만 아니라 얼굴이 큰 국화 종류를 꼭 사용합니다.

【꽃 시장에서는 이렇게】

찔레는 보통 소재집에서 8월 말부터 판매하며, 열매가 싱싱하고 라인이 있는 것을 구매하는 게 좋습니다. 가시가 두꺼우니 찔리시 않도록 조심해야 합니다. 국화는 가격대가 높지 않아 부담이 덜합니다. 시장에서 구매할 때는 꽃의 얼굴이 깨끗하며 초록잎이 풍성하고 싱싱한 것을 고르는 것이 중요합니다.

【사용한 재료】 찔레나무, 소국

01

02

01 적당한 크기의 화병을 준비합니다.

02 메인 가지를 화병 길이의 2~2.5배 정도로 잘라서 꽂고, 아래에 짧은 길이의 가지를 하나 더 꽂습니다. 이때 화병 위로 보이는 메인 가지의 길이는 화병의 1~1.5배 정도가 좋습니다.

  tip 가지 끝이 바닥에 닿도록 하여 가지를 병 입구에 기대면 고정하기 수월합니다. 서로 교차되는 잔가지들은 솎아 주는 것이 좋습니다.

03 소국을 가지 길이의 1/3 혹은 1/2 정도의 길이로 잘라, 앞으로 기울여 타케구시를 꽂아서 고정합니다.

04 앞에서 바라봤을 때, 찔레와 소국 사이의 공간이 벌어지지 않도록 자리를 잡아 줍니다.

Gentian

용담 リンドウ、竜胆

용담은 높이 20~60cm의 꽃으로 8~10월에 개화합니다. 이케바나에서 가을에 사용하는 대표적인 꽃이며, 별처럼 예쁜 모양입니다. 색감은 푸른색이 가장 일반적이며 흰색이나 연한 보랏빛도 있습니다. 이케바나에서 용담을 사용할 때는 잎이 별 모양으로 모두 펼쳐져 있는 것을 사용합니다. 꽃의 얼굴도 중요하지만 잎이 잘 나 있어야 자연의 용담을 표현하기에 적합하다고 여깁니다.

용담은 단독으로 사용하기보다 다른 계절 소재들과 함께 사용하는 것이 좋습니다. 이번 작품에서는 일본의 가을칠초 중 하나인 마타리와 함께 사용하여 계절감을 담았습니다.

※ 가을칠초란 가을을 나타내는 일곱 가지 풀(싸리나무꽃, 억새, 칡꽃, 패랭이꽃, 마타리, 등골나무, 도라지)을 의미하며 예로부터 계절을 나타내는 소재로 시나 그림 등에 표현해 왔습니다.

【 꽃 시장에서는 이렇게 】
잎이 건강하게 잘 펼쳐져 있는지 확인하고 구매하는 것을 추천합니다.

【사용한 재료】 용담, 오이초, 마타리

01 화기를 준비합니다. 여기서는 가을의 계절과 어울리도록 짙은 색의 바구니를 준비했습니다.

02 메인이 되는 용담을 골라 화기 입구에 걸쳐지도록 앞으로 기울여 꽂습니다.

03 선이 예쁜 마타리를 찾아 조금 높게 꽂습니다.

04 2번 과정의 용담보다 살짝 뒤쪽으로 보이도록 마타리를 더 꽂습니다.

05

06

05 포인트가 되는 오이초를 마타리 반대편에 넣어 균형감을 줍니다.

06 오이초 중 선이 예쁘고 머리가 가벼운 것을 골라 뒤쪽에 길게 꽂습니다.

Chestnut

밤나무 クリ、栗

가을 하면 빼놓을 수 없는 소재인 밤나무는 우리에게 무척 친근한 존재입니다. 뾰족한 밤송이 안에 토실한 밤이 들어 있다고 상상하면 문득 마음까지 풍요로워지고는 합니다. 밤나무는 뾰족하지만 전체적으로 동글동글한 밤송이의 모양 덕분에 귀엽고 캐주얼한 분위기를 연출할 수 있습니다. 있는 그대로의 선을 활용해야 하고, 생각보다 무겁기 때문에 무게를 고려해서 화기를 골라야 합니다.

밤나무의 매력을 극대화하기 위해 같이 사용한 꽃은 빈 공간을 살짝 채워 주면서 포인트가 되어 줄 피어리스입니다. 여기서는 짧게 잘라서 사용했지만, 피어리스 자체도 특유의 화려한 매력을 가지고 있으므로 남은 피어리스가 있다면 심플한 화병에 풍성하게 꽂아 두어도 좋습니다.

【꽃 시장에서는 이렇게】

시장에서는 뾰족한 가시가 박힌 밤송이 채로 유통됩니다. 가지가 너무 두껍지 않으며 전체적으로 초록빛이 환한 것을 고르는 게 좋습니다.

【사용한 재료】 밤나무, 피어리스

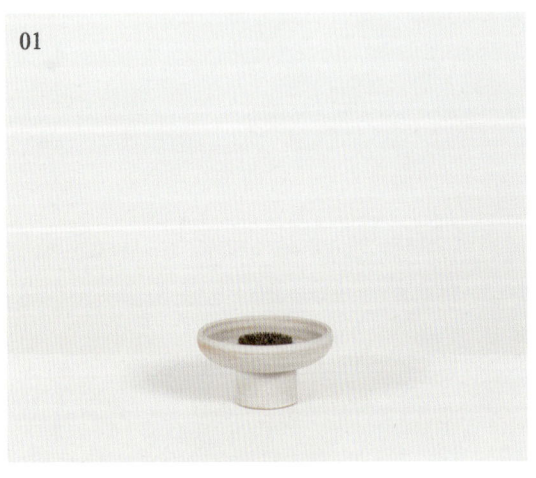

01 화기와 침봉을 준비합니다. 밤나무를 사용할 때는 화려한 화기보다는 심플한 화기가 좋습니다.

02 너무 굵지 않은 가지를 골라, 화기의 가로세로 길이를 더한 정도로 잘라서 옆으로 기울여 꽂습니다.
   tip 붙어 있는 밤나무잎도 그대로 살려서 꽂습니다.

03 가장 동글동글하고 예쁜 밤송이를 골라 포인트로 꽂습니다.

04 깨끗한 피어리스를 가지 사이의 빈 공간에 꽂습니다.

05

05 3번 과정의 가지가 자연스럽게 보이도록 잎을 꽂습니다.

　tip 이케바나에서는 어떤 소재와 꽃을 사용하든 잎을 매우 중요하게 생각합니다. 잎을 다 떼어 내는 것을 인위적이라고 생각하며, 최대한 자연의 느낌을 담아내고자 잎을 함께 사용합니다.

Trollius

금매화 タマキンバイ

금매화는 시장에서 흔히 트롤리우스라고 불리며, 주황빛의 화형과 선이 아름다운 꽃입니다. 가을에는 국화를 제외하면 다양한 꽃이 많지 않기 때문에, 주황빛 색감이 가을의 분위기와 잘 어울리는 트롤리우스는 특히 단비 같은 존재입니다. 어레인지하기에는 색감이 조금 튈 수 있으나 이케바나에서는 활용하기 좋은 꽃입니다. 단독으로 선을 살려 침봉에 꽂아도 좋고, 다른 절지류와 함께 믹스해 사용하기에도 적합합니다. 시장에 유통되는 기간이 길지 않으므로 눈에 보일 때 구매해서 즐기는 것을 추천합니다.

【꽃 시장에서는 이렇게】

트롤리우스를 구매할 때는 꽃잎이 상하지 않고 색이 선명한 것을 고르는 게 좋습니다. 또한, 너무 만개하지 않은 것으로 구입해야 꽃을 오래 볼 수 있습니다.

【사용한 재료】 트롤리우스

| 01 | 02 |
| 03 | 04 |

01 화기와 침봉을 준비합니다.

02 만개하지 않은 선이 있는 줄기를 골라서 화기의 가로세로를 더한 높이의 1.5~2배 길이로 꽂습니다.

03 2번 과정의 줄기보다 짧게 자른 줄기를 같은 점에서 나오듯이 꽂습니다. 두 줄기가 교차되어도 괜찮습니다.

04 3번 과정과 마찬가지로 더 짧은 줄기를 같은 점에서 나오는 것처럼 보이도록 꽂습니다.

05 몽우리도 꽂아 다양한 크기의 얼굴을 어레인지합니다.

06 가장 아래쪽에는 꽃이 활짝 핀 줄기를 짧게 꽂아 마무리합니다.
   tip 이 방법을 익혀 놓으면 남은 꽃을 활용해서 침봉 꽃이를 하기 좋습니다.

Dahlia

달리아 ダリア

달리아는 최근 절화 시장에서 인기가 높은 꽃 중 하나로 화형이 아름답습니다. 색감과 화형이 매우 다양하며 최근에도 계속해서 신품종이 나오고 있습니다. 개화 시기는 5월부터 11월까지로 꽤 길고, 시장에서도 오랜 기간 동안 볼 수 있습니다. 화형과 색감으로 인해 존재감이 있는 꽃이라 한 송이만 사용해도 충분히 멋있습니다. 줄기가 비어 있어서 꺾이기 쉽고, 큰 얼굴에 비해 대가 매우 얇은 품종도 있으므로 조심히 다뤄야 합니다.

【꽃 시장에서는 이렇게】

시장에서 구매할 때는 꽃잎에 상처가 없는지, 습한 곳은 없는지 잘 체크하고 구매하는 것이 좋습니다. 물 올림이 좋은 편은 아니며 꽃잎이 쉽게 습해져서 빨리 상하기도 합니다. 구매 후 집에서는 밑을 잘라서 뜨거운 물에 담아 열 처리한 후, 시원한 물에 담그는 것이 좋습니다.

【사용한 재료】 달리아

01 화기와 침봉을 준비합니다

02 얼굴이 깨끗한 꽃의 줄기를 짧게 잘라 앞으로 기울여서 꽂습니다.
   tip 달리아에 건강한 잎이 없을 때는 짧게 잘라서 어레인지하는 것이 좋습니다.

03 새로운 꽃을 뒤로 살짝 기울여서 2번 과정의 꽃보다 더 길게 꽂습니다.

04 새로운 꽃을 2번 과정의 꽃과 살짝 겹쳐서 화기 입구에 거의 닿도록 꽂습니다.

tip 한 송이만 남았을 때는 이렇게 화기에 심플하게 꽂아도 충분히 존재감을 나타내고 멋진 작품이 됩니다. 한쪽에 놓아도 좋고, 테이블 세팅의 센터에 놓는 작은 꽃으로도 활용도가 좋습니다.

05 뒤쪽에 얼굴이 작은 꽃도 꽂아 줍니다.

06 반대쪽에도 새로운 꽃을 조금 길이감 있게 꽂아 마무리합니다.

Flame grass

억새 ススキ、薄

가을의 상징적인 존재인 억새는 산과 들에서 자랍니다. 햇빛에 비치면 반짝반짝 빛이 나고, 바람에 흩날리는 모습이 멋진 소재입니다. 시간이 지날수록 작은 이삭이 피어나는 모습을 보는 것도 하나의 재미입니다. 한 대보다는 여러 대를 사용하여 어레인지하는 것이 억새의 매력을 더욱 잘 느낄 수 있는 방법입니다. 여기서 제시하는 작품처럼 다른 소재와 함께 어레인지하는 것도 좋고, 사용하고 남은 억새를 긴 화병에 무심하게 툭 꽂아 두어도 충분히 멋집니다.

【꽃 시장에서는 이렇게】

억새는 가을 시즌에 소재집에서 만날 수 있습니다. 잎도 예쁘지만, 시장에서는 잎이 제거된 채로 유통되는 경우가 많습니다. 처음에는 피지 않은 억새를 구매하여 점점 피어나는 모습을 감상하는 것을 추천합니다. 핀 후에는 털이 날리기 때문에 다른 물건과 부딪히지 않는 곳에 두는 것이 좋습니다.

【사용한 재료】억새, 노박덩굴, 국화, 홍화목

01

02

03

04

01 가을의 계절감과 잘 어울리는 바구니 소재의 화기를 준비합니다.

02 노박덩굴 가지를 화기 밖으로 선이 보이게 꽂습니다.

03 새로운 노박덩굴 가지를 열매가 잘 보이도록 앞으로 넣습니다.

04 국화 한 송이를 화기 입구에 거의 닿도록 짧게 잘라 꽂습니다.

05 국화 한 송이를 조금 더 길게 꽂아 높낮이를 줍니다.

06 5번 과정과 마찬가지로 반대편에 한 송이를 더 꽂습니다.

07 포인트로 홍화목을 넣습니다.

08 아래쪽에도 홍화목을 넣어 균형을 맞춥니다.

09

10

11

12

09 살짝 아래로 떨어지는 선의 노박덩굴 가지를 하나 더 넣어 연결 흐름을 만듭니다.

10 억새는 길게 잘라 기울여서 꽂습니다.

11 기울이는 각도와 길이를 다르게 하여 억새를 하나 더 꽂습니다.

12 조금 짧은 억새도 추가해서 높낮이를 만듭니다.

13

14

13 억새가 높은 곳에만 있으면 아래 공간이 비어보이므로, 각도를 많이 기울인 억새를 아래쪽에 넣습니다.

14 억샛잎을 자연스럽게 어우러지도록 추가하여 풍성하게 마무리합니다.

Cosmos

코스모스 コスモス

코스모스는 가을이 되면 우리 주변에서 흔하게 볼 수 있어 무심코 지나치기 쉽지만, 자세히 보면 여리여리한 분위기를 가지고 있는 청순한 소재입니다. 어레인지하기도 좋고 단독으로 사용하기에도 충분합니다. 바람에 흩날리는 듯한 줄기가 매력 포인트이며 이 선을 살려서 꽂아도 좋습니다.

【 꽃 시장에서는 이렇게 】

가을이 되면 다양한 종류의 코스모스가 시장에 유통되고, 생각보다 오래 감상할 수 있습니다. 구매할 때는 줄기가 튼튼하고 잎이 습지지 않은 것을 고릅니다. 구매 후 집에서 손질할 때는 잎은 어느 정도 떼고 물에 담그는 것이 깔끔하고 좋습니다.

【사용한 재료】코스모스

01

02

03

04

01 화기를 준비합니다.

02 코스모스가 가지고 있는 선을 최대한 살릴 수 있는 각도로 줄기를 꽂습니다.

03 벌어져 있는 공간에 얼굴 크기가 조금 큰 코스모스 줄기를 짧게 넣습니다.

04 새로운 줄기를 바구니 밖으로 나가도록 긴 선이 보이게 넣습니다.

05

06

07

08

05 화기 입구가 적나라하게 보이지 않도록 꽃을 더 넣습니다.
　　tip 화기 입구에 꽃이 꽂혀 있는 선들이 보이면 화기와 꽃이 덜 어우러진 것처럼 느껴집니다.

06 바구니 반대편으로도 나가도록 다른 줄기를 꽂습니다.

07 빈 공간 사이를 채워 나가는 꽃을 더 꽂습니다.

08 뒤쪽에도 꽃을 넣어 입체감을 살립니다.

기나긴 밤
고요한 꿈이 깃든

겨울

Japanese winterberry

낙상홍 ウメモドキ、梅擬

낙상홍은 가을부터 겨울까지 두루 사용하는 소재로 붉은 열매 때문에 크리스마스 소재로도 인기가 좋습니다. 대가 두껍고 열매가 많이 달려 있어 생각보다 꽤 무거운 편입니다. 붉게 익은 열매가 잘 떨어지기 때문에 밟지 않도록 주의해야 합니다. 이케바나에서도 많이 활용하는 소재로, 주로 국화와 함께 사용합니다.

【 꽃 시장에서는 이렇게 】

낙상홍은 소재집에서 구입할 수 있으며 초가을에는 초록 열매의 낙상홍을, 깊어진 가을에는 붉은 열매의 낙상홍을 만날 수 있습니다. 대가 너무 두꺼우면 자르기가 쉽지 않으므로 최대한 얇은 것을 고르는 것이 좋습니다.

【사용한 재료】 낙상홍, 아나스타샤 국화, 오엽송

01

02

03

04

01 화기와 침봉을 준비합니다.

02 선이 굵지 않은 가지를 골라 화기의 가로세로를 더한 높이의 1.5배 정도 길이로 꽂습니다.
   tip 선이 있는 것이 좋고, 없다면 살짝 부러뜨려 선을 만들어도 좋습니다.

03 가지와 열매가 너무 많이 달려 있다면 살짝 솎아 줍니다.

04 아나스타샤 국화를 잘라 앞으로 기울여서 꽂습니다.
   tip 국화잎은 최대한 다 살려서 꽂는 것이 좋습니다.

05 열매가 많이 달린 가지를 짧게 잘라 옆으로 꽂습니다.

06 국화 뒤로 선과 열매가 살짝만 보이도록 새로운 가지를 꽂습니다.

07 오엽송을 활용해 뒤쪽 공간을 채웁니다.
   tip 모든 소재가 한 점에서 나오도록 모아서 꽂습니다.

08 선이 있는 오엽송을 옆쪽에 꽂아 마무리합니다.

Narcissus

수선화 スイセン、水仙

수선화는 12월에서 3월 사이에 피며, 추운 겨울 안에서도 화사한 꽃을 피우는 아름다운 식물입니다. 방울 수선화는 특히 향이 좋아 침대 머리맡에 꽂아 놓으면 기분 좋은 향을 맡으며 잠들 수 있습니다. 이케바나에서는 수선화가 매우 중요한 꽃 중 하나로, 피어나는 시기마다 표현하는 방법이 다릅니다. 잎을 다양한 방법으로 표현할 수 있는데 이는 난도가 꽤 높은 작업입니다. 여기서는 큰 테크닉 없이 누구나 손쉽게 할 수 있는 작품을 소개해 드리고자 합니다.

【 꽃 시장에서는 이렇게 】

시장에서는 11월부터 다양한 수선화를 만날 수 있습니다. 가능하면 잎과 함께 있는 수선화를 구매하는 것이 좋습니다. 방울 수선화 같은 경우에는 잎을 몇 장만 함께 묶어서 판매하는 경우가 많기 때문에, 최대한 많이 묶여 있는 단을 골라서 구매하는 것이 좋습니다.

【사용한 재료】수선화, 히카게

01

02

03

04

01 화기와 침봉을 준비합니다.

02 대가 곧고 꽃이 예쁘게 달린 수신화를 골라 잎과 함께 꽂습니다.
     tip 서너 장의 잎을 모아 자리를 잡고 플로랄 테이프로 붙여서 꽂으면 더욱 편리합니다.

03 같은 종의 수선화를 좀 더 짧게 꽂습니다.

04 얼굴이 큰 수선화를 중앙에 짧게 꽂습니다.
     tip 모든 꽃의 얼굴이 정면을 보지 않도록 조정하는 것이 더 자연스럽습니다.

05  06

05 풍성하게 보이도록 수선화와 잎을 더 추가해서 마무리합니다.

06 히카게를 깔아서 침봉을 가려 주고, 그늘진 땅을 표현합니다.

　　tip 히카게는 석송(石松)을 이르는 일본어로, 여기서 사용한 소재가 일본 석송이기에 히카게로 표기하였습니다. 이케바나에서 석송은 그늘과 음지를 만들어 주는 중요한 소재로 많이 사용합니다.

Kiwi vine

다래나무 コクワヅル、小桑蔓

다래덩굴이라고도 불리는 다래나무는 특유의 구불구불한 선이 멋있는 소재입니다. 잎과 꽃이 피는 나무지만 국내 꽃 시장에서는 이를 다 제거한 가지만 판매합니다. 잎과 꽃이 없어도 특유의 선이 멋있기 때문에 활용도가 높습니다. 이케바나에서는 다양한 방법으로 많이 사용되며 최대한 선을 돋보이도록 해 주는 것이 좋습니다.

【 꽃 시장에서는 이렇게 】
사계절 내내 시장에서 볼 수 있으며 사용하는 목적에 따라 굵기를 잘 선택해서 구매하면 됩니다.

【사용한 재료】 다래나무, 백조 호접

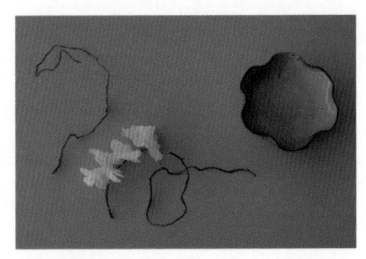

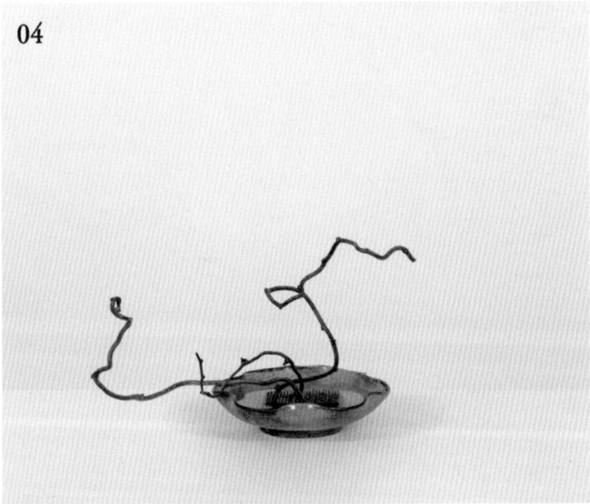

01 화기와 침봉을 준비합니다.

02 구불거리는 가지의 선을 살려 꽂습니다.

03 짧은 선이 교차되도록 가지를 꽂습니다.

04 위로 세워지는 가지도 하나 꽂습니다.

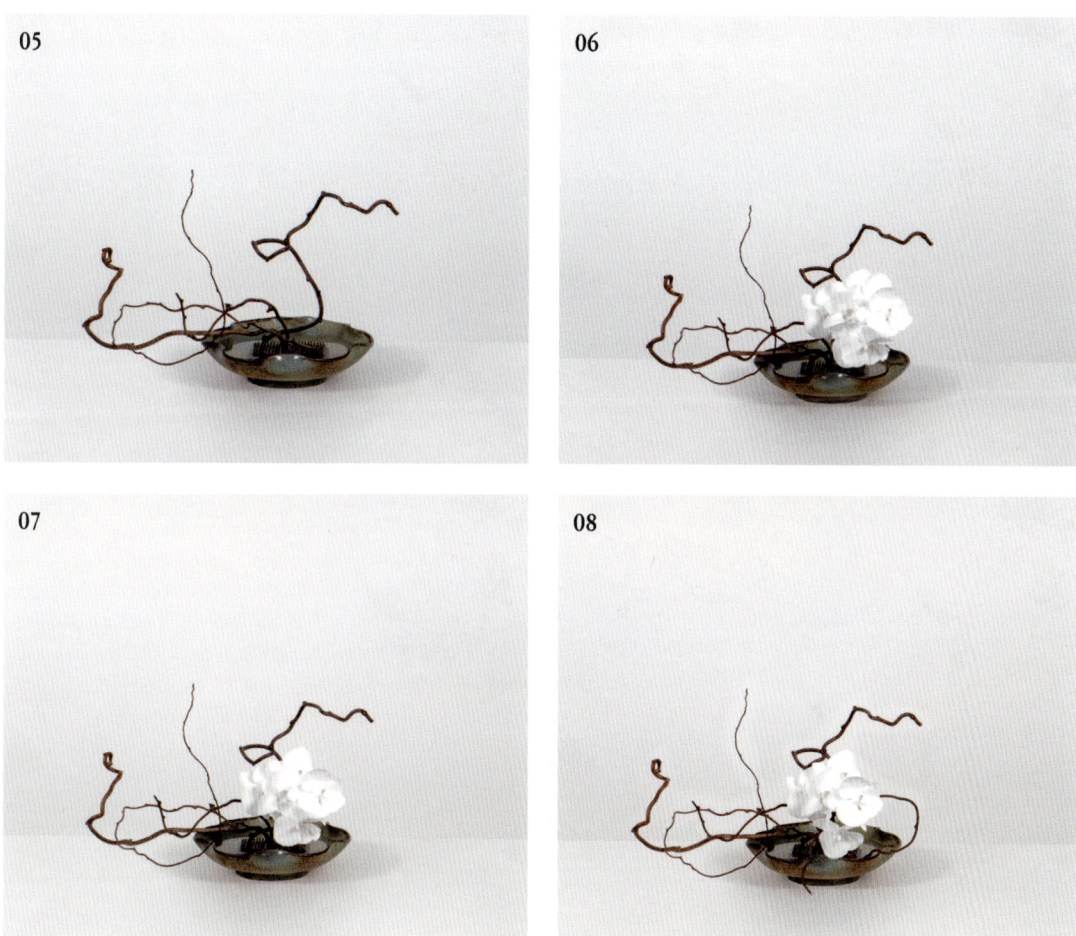

05 얇은 선의 가지를 교차되도록 꽂습니다.

06 얼굴이 깨끗한 백조 호접을 얼굴이 잘 보이도록 각도를 맞춰 꽂습니다.

07 꽃의 얼굴이 많은 경우에는 한두 개 정도 속아 냅니다.

08 반대편에서 나오는 듯한 가지를 꽂아 가지의 흐름이 이어지도록 합니다.

09

09 선을 추가할 부분이 있다면 짧게 추가하고 마무리합니다.

Phalaenopsis

팔레놉시스 コチョウラン

호접란이라고도 불리는 팔레놉시스는 우리나라에서는 약간 올드한 분위기를 주는 꽃으로 인식하는 경우가 많습니다. 하지만 최근 국내 꽃 시장에 수입 호접란이 들어오면서 오묘하게 고급스러운 색감을 가진 꽃들이 많이 보입니다. 가격은 비싼 편이지만 한 대만으로도 충분한 존재감과 아름다움을 보여 주기에 크게 부담스럽지 않은 소비로 공간을 고급스럽게 만들 수 있습니다.

【 꽃 시장에서는 이렇게 】

색감이 아름다운 팔레놉시스는 시장에서 취급하는 곳이 한두 곳밖에 없어서 흔하게 볼 수 있는 좋은 아닙니다. 구매할 때는 꽃잎이 상하지 않고 깨끗하며, 흐느적거리지 않는 것을 고릅니다. 신문지로만 싸서 가지고 오면 꽃잎이 상할 수 있으므로 되도록 박스 포장을 부탁하는 것이 좋습니다.

【사용한 재료】 팔레놉시스

01 화병을 준비합니다.
   tip 색상이 화려한 호접란을 사용할 때는 화병을 깔끔한 것으로 준비하는 것이 좋습니다.

02 꽃이 병 입구에서 떨어지는 선이 되도록 길이를 맞춰서 꽂습니다.

03 꽃 얼굴이 중앙이 아닌 사선으로 떨어지도록 자리를 잡아 줍니다.

Willow

버들 ヤナギ、柳

겨울 시즌 꽃 시장에서 가장 많이 볼 수 있는 것이 바로 버들류의 소재입니다. 버드나무과에 속하는 식물로, 겨울에는 솜털같이 나오는 눈이 무척 귀엽습니다. 마사지가 가능한 소재이기에 쭉 뻗은 가지를 손의 열로 마사지하여 선을 만들어 사용하기 좋습니다. 마사지할 때는 버들이 꺾이지 않도록 조심히 만져야 합니다. 적은 양의 가지로 선을 연습하거나 표현하기 적합한 소재기도 하지만, 많은 양이 모여 있을 때도 그만한 매력을 충분히 보여 주는 소재입니다. 이케바나에서 자주 사용하므로 다양하게 활용할 줄 알면 도움이 됩니다.

【꽃 시장에서는 이렇게】

겨울에는 왕버들, 홍버들, 갯버들, 석화버들 등을 볼 수 있으며, 겨울이 아닌 다른 계절에도 곱슬버들, 깃버들, 능수버들 등 다양한 버들류가 나옵니다. 여기서 버들과 함께 사용한 꽃은 스위트피로, 겨울과 봄 시즌의 꽃 시장에서 볼 수 있는 대표적인 꽃입니다. 여리여리한 꽃잎과 향이 매력적입니다. 색감이 다양하고, 염색한 스위트피도 많습니다. 염색된 꽃을 사용할 때는 염색 약품이 옷이나 테이블에 물들지 않도록 주의해서 사용해야 합니다.

【사용한 재료】 홍버들, 스위트피

01 화병을 준비합니다.

02 메인이 되는 홍버들을 손으로 마사지해서 선을 만들고, 무게 중심이 가운데가 되도록 꽂습니다. 길이는 화기의 가로세로를 더한 높이의 1.5~2배 정도가 적당합니다.

03 보조 가지를 골라 마사지해서 꽂습니다.

04 메인 얼굴이 될 스위트피를 골라서 가운데에 꽂습니다.
   tip 위로 세우기만 하면 딱딱해 보이므로 앞으로 살짝 기울여서 꽂는 것이 좋습니다.

05 침봉에 가까운 공간이 비어 보이지 않도록 스위트피를 짧게 꽂습니다.

06 한 곳에서만 뭉쳐 보이지 않도록, 다른 색감의 스위트피를 길게 꽂습니다.

07 6번 과정의 스위트피 아래쪽이 비어 보이지 않게 짧은 줄기를 추가합니다.

08 마지막으로 멀리서 전체를 바라보며 허전해 보이는 곳에 스위트피를 추가로 꽂아 마무리합니다.

09 소재들이 모두 한 곳에서 나오는 것처럼 보이도록 일렬로 꽂는 것이 좋습니다.

Pine

소나무 マツ、松

우리나라와 일본이 원산지인 소나무는 거의 모든 지역에서 자라는 상록의 침엽 교목으로 사시사철 푸르른 나무를 볼 수 있는 것이 특징입니다. 소나무에서는 진액이 나오므로 장갑을 끼고 만지는 것이 좋고, 무게가 있으니 너무 가벼운 화기에는 사용하지 않는 것이 좋습니다.

이케바나에서는 겨울 혹은 여름에 많이 사용하며, 특히 수선화, 난과 함께 신년 꽃꽂이의 중요한 재료로 사용합니다. 일본은 12월 29일 이전까지 신년 꽃꽂이를 만들어 장식해 놓는 전통이 있습니다. 이는 새해에 나쁜 기운을 막고 좋은 기운이 들어와 행복한 한 해를 보낼 수 있도록 기원하는 의식 같은 것입니다. 그래서 일본에서는 새해를 맞이하기 전, 모든 꽃집에서 신년 꽃꽂이 재료를 판매하며, 크기에 상관없이 가정이나 기업, 매장 등 다양한 공간에서 신년 꽃꽂이를 볼 수 있습니다.

【 꽃 시장에서는 이렇게 】

시장에서는 소나무 중에서도 해송, 육송, 오엽송 등을 볼 수 있습니다. 구매할 때는 잎이 푸르고 고르게 나 있는 것을 선택하는 게 좋습니다.

• 육송

【사용한 재료】육송

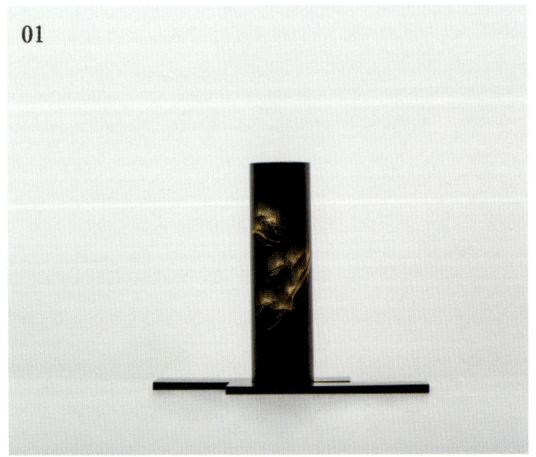

01 화병을 준비합니다.

02 메인이 되는 가지를 골라 적절한 길이로 잘라서 선을 만들어 줍니다.

03 입구가 허전해 보이지 않도록 짧은 가지를 만들어 넣어 줍니다.

04 반대 방향에도 짧은 가지를 추가해 마무리합니다.

• 오엽송

【사용한 재료】 오엽송, 히카게

01

02

03

04

01 화기와 침봉을 준비합니다.

02 땅을 표현하기 위한 히카게를 깔아줍니다.
   tip 편백이나 블루버드 등의 소재로 깔아도 좋습니다.

03 나무 모양처럼 생긴 가지를 골라 화기의 가로세로를 더한 높이 정도의 길이로 세워 꽂습니다.

04 아랫부분의 가지가 비어 보이지 않게 겹쳐서 꽂아 풍성하게 만듭니다.

05

06

07

05 양옆으로 가지가 뻗어 나가도록 꽂습니다.

06 앞으로 나오는 오엽송도 꽂아 입체감을 만듭니다.

07 비어 있는 부분에 흐르는 선을 하나 더 꽂아 마무리합니다.

• 해송을 활용한 신년 꽃꽂이

【사용한 재료】해송, 수선화, 온시디움

01

02

03

04

01 화기와 침봉을 준비합니다.

02 쭉 뻗은 해송을 골라 화기의 가로세로를 더한 높이의 2배 정도 길이로 잘라 꽂습니다.

03 온시디움을 골라 중앙에서 앞으로 기울여 꽂습니다.

04 2번 과정의 해송과 비슷한 선을 타고 올라가듯 수선화를 꽂습니다.
   tip 수선화의 잎도 함께 사용하는 것이 중요합니다.

05 온시디움과 수선화의 중간 길이로 수선화를 하나 더 꽂습니다.

06 해송을 짧게 잘라 아래쪽에도 꽂습니다.

07 침봉을 가려주는 짧은 온시디움을 더합니다.

08 좌우가 대칭이 되지 않도록 해송을 하나 더 꽂습니다.

09 마지막으로 신년장식인 미즈히키(水引)를 꽂고 마무리합니다.

tip 미즈히키란 일본에서 봉투나 선물을 포장할 때 장식하는 매듭 형태의 색실을 말합니다.

Anemone

아네모네 アネモネ

겨울 시즌의 또 다른 즐거움 중 하나인 아네모네입니다. 겨울에만 볼 수 있는 꽃으로 다양한 색감을 가지고 있습니다. 밝을 때 활짝 피었다가, 어두워지면 다시 오므리는 특징을 가지고 있고, 줄기 속이 비어 있지만 물 올림이 나쁜 편은 아닙니다. 그 자체만의 아름다움을 가지고 있어 아네모네 한 종류만 사용해도 충분하지만, 여기서는 다양한 활용법을 보여 드리기 위해 다른 꽃들과 함께 꽂아 보았습니다.

【 꽃 시장에서는 이렇게 】

겨울부터 시장에 유통되며 이른 봄까지 볼 수 있습니다. 만개하지 않은 꽃으로 구매하면 꽤 오랫동안 볼 수 있습니다. 꽃이 피지 않고, 줄기가 갈라지지 않은 것으로 선택하면 됩니다.

【사용한재료】 아네모네, 시레네, 옥스퍼드 스카비오사

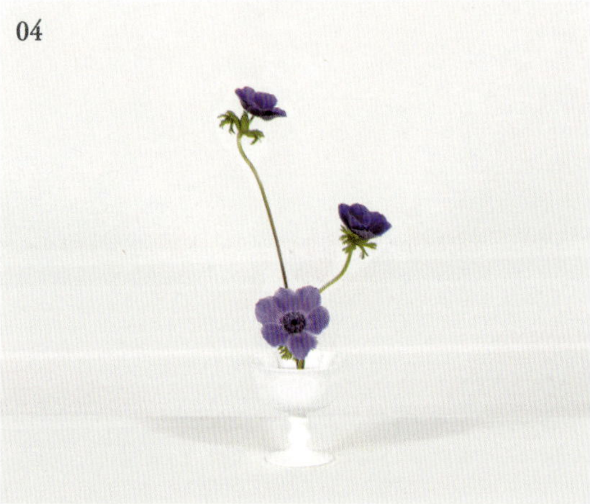

01 화기와 침봉을 준비합니다.

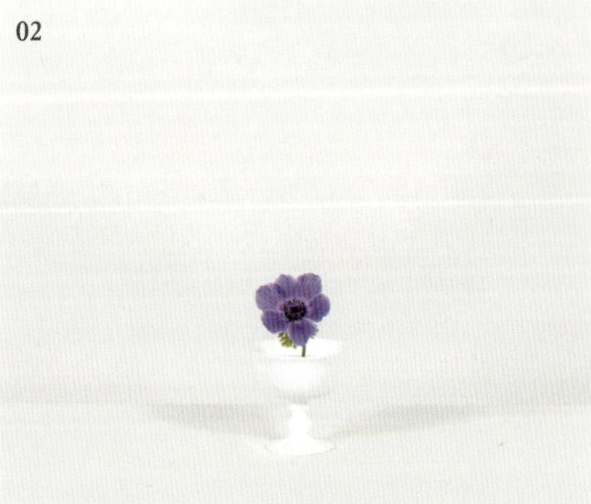

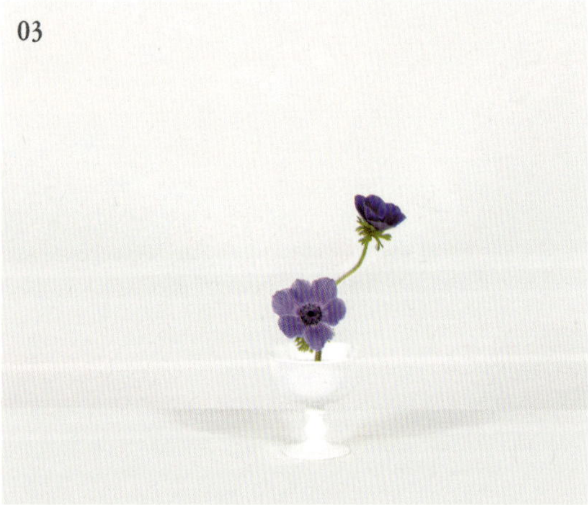

02 포인트가 될 활짝 핀 아네모네를 꽂습니다.

03 대가 얇고 선이 있는 줄기를 골라 길이감을 주어 꽂습니다.

04 선이 가장 예쁜 줄기를 길게 꽂습니다.
    tip 침봉 가운데에서 꽂아 머리 끝이 다시 가운데로 오도록 각도를 조절합니다.

05 큰 구도를 잡기 위해 옆으로 빠지는 줄기를 꽂습니다.

06 꽂힌 부분이 잘 보이지 않도록 입구 쪽에 짧은 줄기를 꽂아 연결성을 줍니다.

07 6번 과정과 마찬가지로 다른 위치에 짧은 줄기를 꽂습니다.

08 반대편에도 옆으로 빠지는 줄기를 꽂습니다.

09 빈 공간을 채워 주기 위해 시레네를 꽂습니다.

10 화기 입구가 가려지도록 좀 더 채워 줍니다.

11 선이 보이는 긴 줄기도 추가합니다.

12 옥스퍼드 스카비오사를 추가해 꽃과 꽃 사이의 연결성을 만듭니다.

13

14

13 뒤쪽을 향하는 줄기도 꽂아 줍니다.

14 비어 있는 곳을 찾아 채워 넣고 마무리합니다.

Japanese spicebush

생강나무 ダンコウバイ、檀香梅

생강나무는 가지를 자른 부분에서 생강 냄새가 난다고 해서 지어진 이름입니다. 겨울부터 봄까지 볼 수 있는 소재로, 개나리보다 먼저 꽃을 피우기 때문에 봄을 알리는 신호탄 같은 소재이기도 합니다. 산동백이라고도 불리며, 열매로 머릿기름을 만들어 사용하기도 하는데, 이는 동백나무를 보고 따라한 것입니다.

생강나무는 몽우리의 꽃이 팡! 하고 터지면서 피어나는 것을 보는 재미가 있습니다. 가끔 산수유의 꽃과 비슷해서 사람들이 착각하지만 알고 보면 확연히 구분되는 소재입니다. 노란색 꽃의 꽃대가 따로 없이 가지에 바로 달려 있는 것이 특징입니다.

【꽃 시장에서는 이렇게 】
시장에서는 소재집에서 볼 수 있으며 꽃이 피지 않은 것을 구매하는 것이 좋습니다. 대가 두껍지 않고 건조한 편에 속하기 때문에 선을 만들어서 사용할 때는 조심히 다뤄야 합니다.

【사용한 재료】 생강나무, 아나스타샤 국화

01

02

03

04

01 화기와 침봉을 준비합니다.

02 선이 가장 예쁜 가지를 고르고, 화기의 가로세로를 더한 높이의 2배 정도로 잘라 꽂습니다.

03 옆으로 나가는 방향의 가지를 2번 과정의 가지와 같은 곳에서 나오듯 꽂습니다.

04 아나스타샤 국화를 가운데에서 앞으로 기울여 지도록 꽂습니다.

05

06

07

05 잎이 풍성하게 보이도록 더 추가합니다.

06 3번 과정의 반대편으로도 가지를 꽂습니다.
   tip 좌우대칭이 되지 않도록 주의합니다.

07 아래가 떠 보이지 않도록 짧은 가지를 추가하고 마무리합니다.

프리츠한센의 이케바나 화병 활용법

이케바나가 사람들에게 알려지게 된 다양한 계기 중 하나로, 프리츠한센이라는 덴마크 가구 브랜드의 이케바나 화병이 있습니다. 프리츠한센에서 이케바나를 모티브로 출시한 이 화병은 기존의 흔한 화병과는 다른 감각적인 디자인으로 대중들에게 큰 인기를 얻고 있습니다. 그러나 꽃을 꽂기가 생각만큼 쉽지는 않아서 사용 방법을 궁금해하는 경우가 많습니다. 여기서는 가장 일반적인 디자인의 화병을 활용하는 간단한 방법을 소개해 드리겠습니다.

프리츠한센의 이케바나 화병을 사용할 때는 얼굴이 너무 큰 꽃보다는 작고 여리여리한 느낌의 꽃을 꽂아야 화병의 매력을 극대화할 수 있습니다. 아래가 투명한 유리병으로 되어 있어 꽃의 줄기가 모두 보이는 디자인이기 때문에, 꽃대가 너무 두껍거나 일자로 뻗은 것은 미관상 좋지 않습니다. 특히 많은 양의 꽃을 꽂을 때는 하늘하늘하고 가벼운 느낌의 꽃을 사용하는 것이 좋습니다.

01 프리츠한센 이케바나 화병을 준비합니다.

02 꽃대가 얇은 디디스커스를 활용해 선을 살려서 꽂습니다.

03 좌우 균형이 무너지지 않게 추가로 배치합니다.

04 몽우리들을 활용하여 다양한 길이로 꽂습니다.

05 클레마티스의 높낮이를 다양하게 살려서 꽂습니다.

    tip 잎이 많으면 선을 가리게 되므로 떼어서 사용하는 것이 좋습니다.

진솔한 서평을 올려 주세요!

이 책 또는 이미 읽은 제이펍의 책이 있다면, 장단점을 잘 보여 주는 솔직한 서평을 올려 주세요.
매월 최대 5건의 우수 서평을 선별하여 원하는 제이펍 도서를 1권씩 드립니다!

- **서평 이벤트 참여 방법**
  1. 제이펍 책을 읽고 자신의 블로그나 SNS, 각 인터넷 서점 리뷰란에 서평을 올린다.
  2. 서평이 작성된 URL과 함께 review@jpub.kr로 메일을 보내 응모한다.

- **서평 당선자 발표**

  매월 첫째 주 제이펍 홈페이지(www.jpub.kr)에 공지하고, 해당 당선자에게는 메일로 연락을 드립니다.
  단, 서평단에 선정되어 작성한 서평은 응모 대상에서 제외합니다.

독자 여러분의 응원과 채찍질을 받아 더 나은 책을 만들 수 있도록 도와주시기 바랍니다.